성공하는 가게는
분명한 이유가 있다

성공하는 가게는 분명한 이유가 있다

지은이 일본경제신문사
옮긴이 모주희
펴낸이 양동현
펴낸곳 도서출판 아카데미북
        출판등록 제13-493호
        136-034, 서울 성북구 동소문동4가 124-2
        전화 02-927-2345 팩스 02-927-3199

초판 1쇄 인쇄 2010년 10월 1일
초판 1쇄 발행 2010년 10월 5일

ISBN 978-89-5681-103-1 14320
       978-89-5681-025-6 (전 2권)

ZOKU HAIRIYASUI MISE URERU MISE
by Satoshi Mabuchi & Megumi Nanjo
Copyright ⓒ 1997 by Satochi Mabuchi & Megumi Nanjo
All right reserved.
Original Japanese edition published by Nihon Keizai Shimbun INC.
Korean translation rights arranged with Nihon Keizai Shimbun INC.
through Tony International

Korean translation copyright ⓒ 2010 by Academy Book Publisher

*잘못 만들어진 책은 구입한 곳에서 바꾸어 드립니다.

www.academy-book.co.kr

성공하는 가게는
분명한 이유가 있다

일본경제신문사 | 모주희 옮김

아카데미북

그간의 통계를 살펴보면 이전까지는 볼 수 없었던 소매점 감소 현상과 판매원 증가 현상이 눈에 띈다. 이는 지난 수십 년 간 판매 현장(가게)에 커다란 변화가 있었다는 것을 의미한다. 이전까지는 슈퍼와 편의점, 그리고 일부 제과점에서만 셀프서비스 방식을 통해 상품을 판매했지만 지금은 거의 모든 상품이 셀프서비스 방식으로 판매되고 있다.

'사람의 행동'이라는 관점에서 가게를 보면 가게의 역사에도 상당한 변화가 있었다는 것을 알 수 있다. 근래의 변화만 살펴보아도 손님이 무엇을 요구하는지, 또 어떤 추세를 보이고 있는지 충분히 알 수 있다. 손님은 가능하면 스트레스를 덜 받는 가게에서 쇼핑하기를 원한다. 점원 역시 가능하면 스트레스를 덜 받고 상품을 팔고 싶어 한다.

《잘되는 가게는 분명한 이유가 있다》를 통해 가게의 3공간과 손님을 끌어들이고 멀어지게 하는 점원의 행동을 소개했다. 그러나 그 뒤에도 판매 현장은 계속해서 변화해 왔고, 또 이전에 비해 훨씬 더 복잡하고 다양해졌다.

이 책 《성공하는 가게는 분명한 이유가 있다》에는 새로운 내용들을 첨가하고 최근 몇 년 간 판매 현장에 나타난 변화를 중심으로 가게의 구조와 점원의 행동이 어떻게 변화해 왔는지를 소개할 것이다.

이 책을 통해 판매 현장에서 상품을 판매하는 점원들은 물론 상품을 고르고 결정하는 손님들까지 가능한 한 많은 사람들이 정보를 교환하고 습득하는 기회가 이루어졌으면 한다.

— 마부치 사토시, 난조 메구미

차례

03 계속해서 변화하는 가게의 3공간 분석

CONTENTS

04 대형점 시대의 서비스

우리는 '언제 어디서' 물건을 사는가

 **물건을 구입할 때**

우리는 평소 여러 가게에 가서 물건을 산다. 판매직에 종사하는 사람이건 그렇지 않은 사람이건 모두 가게에 가서 손님 자격으로 물건을 살 수 있다. 그렇다면 과연 우리는 '언제 어디서' 물건을 사는 걸까?

'그 물건이 필요할 때' 산다는 말이 아주 틀린 것은 아니지만 그것만으로는 '언제' 라는 질문에 대한 충분한 대답이 되지 않는다. 또 모

✕ 점원이 가만히 서서 기다리고 있기 때문에 손님이 다가가기 어렵다.

〇 많은 점원이 바쁘게 작업을 하고 있는 가게가 손님을 끌어들인다.

든 사람이 확실한 목적을 가지고 쇼핑을 하기보다는 쇼핑을 하다가 순간적으로 눈앞에 보이는 물건이 마음에 들어서 사는 경우도 많다.

'언제'라는 질문에 대한 가장 적절한 대답은 '마음에 드는 물건을 발견했을 때'라고 할 수 있다. 분명히 우리는 마음에 드는 물건을 발견했을 때 그것을 산다. 판매직에 종사하는 사람, 그중에서도 마케팅이나 상품 개발에 종사하는 사람들은 특히 이 점에 관심을 보인다. 그래서 손님의 성별이나 연령, 그리고 다양한 생활 방식의 분석을 통

"어서 오세요."라고 인사를 하면 손님은 들어오지 않는다.

점원이 작업을 하고 있으면 손님은 안심하고 상품을 구경한다.

해 손님이 원하는 상품을 개발하기 위해 끊임없이 노력하고 있는 것이다. 그들은 가능하면 모든 사람들에게 꼭 필요한 인기 상품을 만들어 내고 싶어 한다. 그것이 무리라면 적어도 경쟁점이나 경쟁 상품과의 경쟁에서 이길 수 있는 자신들만의 상품을 만들어 팔기를 바란다. 마케팅이나 상품 개발에 힘쓰는 사람들이 이런 사고방식을 갖는 것은 매우 중요하다. 하지만 이에 너무 집착하다 보면 정작 손님이 물건을 살 때 신경 써야 할 중요한 부분을 놓칠 수도 있다.

그렇다면 우리는 과연 '언제 어디서' 마음에 드는 물건을 발견하게 될까? 이 질문에 대한 답이야말로 물건이 잘 팔리는 구조를 파악하여 잘되는 가게를 만들 수 있는 열쇠라 할 수 있다.

 **들어가기 쉬운 가게에서 물건을 산다**

가게에서 물건을 팔아 본 경험이 있는 사람이라면 전혀 팔리지 않던 상품이 '접객 방식'을 바꾸었더니 갑자기 잘 팔리는 경험을 해 본 적이 있을 것이다. 그렇다면 '접객 태도'란 과연 무엇일까?

요즘처럼 경쟁이 심한 사회에서는 대부분의 가게가 대량 생산된 상품이나 경쟁점의 것과 비슷한 상품을 팔고 있다. 한 가게만 특별한 물건을 판다는 것이 어렵기 때문이다. 그런데도 어떤 가게에서는 매우 잘 팔리는 물건이 다른 가게에서는 전혀 팔리지 않는 경우가 있다. 똑같은 물건인데 왜 손님들은 우리 가게에는 오지 않고 다른 가게로 가는 걸까? 여기에는 우리가 모르는 특별한 원리가 숨어 있다.

가게에는 확실히 물건을 사기 쉬운 가게와 사기 어려운 가게, 다시 말해 손님이 들어가기 쉬운 가게와 들어가기 어려운 가게가 있다. 우리는 주로 들어가기 쉬운 가게에 들어가서 상품을 살펴보고 그 물건이 마음에 들면 사기도 하고 또 사지 않기도 한다. 그러므로 '어디서' 물건을 사는가에 대한 대답은 바로 '들어가기 쉬운 가게'가 된다.

 사기 편할 때 물건을 산다

일반적으로 세일을 할 때는 물건이 잘 팔린다. 그 이유를 세일 기간에는 가격이 싸기 때문이라고 생각하기 쉬운데, 과연 그 이유가 전부일까? 왜 우리는 세일 때는 지금까지 들어가기 어려웠던 가게에 아

손님이 한 명도 없는 가게에는 들어가기가 어렵다.

많은 손님들로 붐비는 가게에는 들어가기 쉽다.

무렇지도 않게 들어갈 수 있을까? 그 이유는 세일 때는 이전까지와는 전혀 다른 판매 방식이 전개되기 때문이다. 지금까지 상품의 양과 진열 방식, 점원의 접객 방식에 큰 차이가 있었음에도 불구하고 우리는 이 점을 거의 깨닫지 못했다.

가게에도 하루 중 잘되는 시간과 잘 안 되는 시간이 있다. 바쁠 때는 계속해서 손님이 들어오고 또 물건이 팔리지만 일단 한번 손님이

✖ 실연을 하지 않고 가만히 있으면 손님은 관심을 갖지 않는다.

⭕ 실연 중에는 점원이 접객을 하지 않기 때문에 손님은 안심하고 다가간다.

끊기면 더 이상 손님이 오지 않는다. 손님의 입장에서 보면 같은 가게라도 물건을 사기 쉬울 때와 사기 어려울 때가 있기 때문이다. 즉 우리가 '언제' 물건을 사는가에 대한 대답은 '사기 쉬울 때'가 되는 것이다.

이처럼 우리는 들어가기 쉬운 가게에서 사기 쉬울 때 물건을 산다. 이것을 구체화하여 어떤 가게에서, 어떤 상태일 때 물건을 구입하는

지나치게 적극적인 접객은 사려는 마음이 있는 손님마저도 멀어지게 한다. ✖

주문을 해 오기 전까지는 접객을 하지 않는 가게에 손님이 오래 머문다. 

지 관찰하고 분석하는 일이 잘 팔리는 가게의 비밀을 푸는 열쇠다. 그런데 '매우 복잡하고 유동적인 가게'를 관찰하기 위해서는 일정한 기준이 필요하다. 이번 장에서는 우리가 어떤 생각에 근거하여 판매 현장을 관찰하고 있는지 간단하게 소개하고자 한다.

01

잘되는 가게의 비밀은 '사람의 행동'

사람의 행동을 볼 때의 3가지 관점

 **'집단' 인가, '세력' 인가**

　판매 현장에서 일어나는 여러 가지 일을 관찰할 때는 무엇을 보는 것이 좋으며 또 그것을 어떻게 이해하면 좋을지를 미리 정해 두는 것이 좋다. 그렇게 하지 않으면 복잡한 일이 벌어졌을 때 상황을 제대로 파악하지 못해 그 가게가 잘되는 이유를 알아내기 어렵다. 이를 막기 위해 여기서는 판매 현장을 '사람의 행동', 다시 말해 점원과 손님의 행동을 중심으로 관찰하는 것으로 규정하겠다. 사람의 행동을

괭이갈매기는 자신의 세력권을 만들어 새끼를 키운다.

정확하게 이해하기 위해서는 먼저 사람의 성질을 알아야 한다.

동물에게는 무리를 이루거나 세력권을 만드는 성질이 있다. 동물이 무리를 짓거나 세력권을 형성하는 것은 모두 자기 자신과 자손의 생존 기회를 증가시키기 위함이다.

왼쪽 그림의 괭이갈매기를 보자. 괭이갈매기는 자신의 세력권을 형성하여 새끼를 기른다. 다른 새가 자신의 세력권을 침범하려고 하면 어미 새가 맹렬히 달려들어 외부의 적으로부터 새끼들을 안전하게 지켜 낸다. 동시에 이 세력권을 지킴으로써 다른 동물을 죽이지 않고 원만하게 지낼 수 있다.

이처럼 동물에게는 확실히 보이진 않지만 그 동물이 소유하고 있는 공간이 있다. 판매 현장에서 일어나는 일들을 설명하기 위해서 인간에게도 이와 같은 세력권 감각이 있다고 가정하자.

사람들은 각각의 세력 범위를 만들어 해수욕을 즐긴다.

앞의 그림은 해수욕장 풍경이다. 사람들은 아무도 없는 해변에서 혼자 여가 생활을 즐기는 것을 좋아하지 않는다. 오히려 주변에 어느 정도 사람들이 있어야 안심한다. 이것은 동물이 무리를 짓는 감각과 비슷하다. 그렇다고 해서 같은 공간에 있는 사람들과 어울리는 것은 아니다. 각각의 그룹으로 나누어져 각자의 여가 생활을 즐긴다. 해수욕장에서는 보통 깔개를 깔거나 짐을 놓아 자기 장소임을 표시한다. 다른 사람의 짐을 치우고 그 장소를 차지하는 일은 거의 없으며, 보통 비어 있는 곳을 찾아 자리를 잡는다. 이처럼 인간 역시 동물들과 마찬가지로 무리를 짓는 성질과 세력권 감각을 갖고 있다.

 ## 최소 비용을 지향하는 태양새

여러 동물의 행동 연구를 통해 동물에게는 에너지의 손익 계산이라

세력권 방위 행동은 많은 에너지를 소모하게 한다.

는 것이 존재한다는 사실을 알았다. 즉 모든 동물은 좀 더 경제적인 삶, 즉 가능하면 에너지 소모량을 최소화하는 방법을 지향하고 있다.

동남아시아에서 동아프리카에 이르는 지역에는 '태양새' 라는 새가 서식하고 있다. 이 새는 몸집이 매우 작고 꽃 속의 꿀을 먹고 산다. 그런데 이 새가 하루 동안 보이는 행동을 조사해 보면 매우 재미있는 사실을 발견할 수 있다.

태양새의 하루 행동은 꽃을 찾는 행동과 세력권 방위 행동, 그리고 휴식 행동으로 이루어진다. 꽃을 찾는 행동이란 꿀을 찾아 꽃에서 꽃으로 계속해서 날아다니는 것이다. 가는 꽃마다 꿀이 많다면 힘들게 날아다니지 않아도 충분히 먹이를 얻을 수 있겠지만 그렇지 않으면 이 꽃 저 꽃을 찾아 계속해서 날아다녀야 한다.

또한 태양새는 자신의 세력권을 만들어 경쟁자에게 꿀을 빼앗기지

태양새는 가능한 한 편안하게 생활하려 한다.

않으려고 세력권 방위 행동을 취한다. 그러나 세력권에 침입하는 경쟁자를 물리치기 위해서는 상당한 에너지가 소모된다.

휴식 행동이란 말 그대로 휴식을 취하는 것으로, 에너지가 가장 적게 소모되는 편안한 행동이다. 그렇다면 태양새는 어떤 비율로 이 3가지 행동을 하는 것일까?

세력권이 넓으면 그만큼 꿀을 많이 얻을 수 있다. 바로 이 점 때문에 가능한 한 넓은 세력권을 가지려고 노력하는 것이다. 하지만 실제로 태양새는 최저 노동, 즉 가능한 한 세력권 방위를 작게 만든다. 살아갈 수 있는 정도의 작은 세력권을 만들어 놓고 그곳에서 꿀을 찾는 것이다. 경쟁자가 많아 세력권을 만들어도 손해를 볼 것 같은 경우에는 세력권을 만들지 않기도 한다. 다시 말해 태양새는 에너지 소비를 최소화하는 범위 내에서 가장 적은 비용이 드는 삶의 방식을 지향하고 있는 것이다.

이런 행동은 태양새에게서만 나타나지 않는다. 앞의 괭이갈매기가 무리를 이루고 세력권을 만드는 행동 역시 비용을 줄일 수 있기 때문, 즉 편안히 살 수 있기 때문이다. 다른 동물들도 마찬가지로 비용이 적고 효율성이 높은 삶의 방식을 지향하면서 진화한다.

인간 역시 본질적으로는 다른 동물들과 조금도 다를 바가 없다. 정말 급해지기 전까지는 별로 열심히 하려 하지 않고, 필요하지 않으면 바로 그만두고 싶어 하는 것처럼 인간도 최소 비용이 드는 생활을 원한다.

판매 현장에도 점원과 손님이 느끼는 많은 불만 뒤에는 최소 비용의 문제가 숨어 있다. 지금부터는 판매 현장에서 점원과 손님의 입장이 되어 최소 비용 행동에 대해 살펴보기로 하자.

점원과 손님의 에너지 손익 계산

 ### 점원의 최소 비용

태양새의 하루 행동을 참고로 점원의 최소 비용 행동을 알아보자. 태양새가 꽃을 찾는 행동은 상품을 구매하기로 마음먹은 손님에 대한 접객과 상품을 보충하는 등의 작업과 비교할 수 있다. 가게 앞이나 가게 안에서 바른 태도로 손님을 기다리거나 가게에 들어온 손님을 접객하는 것은 세력권 방위 행동에 해당한다. 태양새의 세력권을 침범하는 경쟁 상대와 가게에 온 손님은 전혀 다르다고 생각할 수 있다. 하지만 외부에서 점원의 세력권인 가게로 침입해 온 것과 점원의 세력권 방위 행동(접객 행동)을 일으키는 관점에서 본다면 둘은 같다. 그리고 점원의 휴식 행동이란 아무것도 하지 않고 멍하게 서 있거나

점원은 한번에 여러 명의 손님을 접객하기 어렵다.

수다를 떠는 행동과 비교할 수 있다.

　가장 간단한 점원의 최소 비용 행동은 가능한 한 움직이지 않아도 되는 작은 가게를 만들어 최소한의 손님에게만 대응하는 것이다. 판매 경쟁이 치열한 오늘날과 같은 상황에서 그런 터무니없는 소리가 어디 있냐고 할지도 모르지만 일본에 있는 대부분의 가게가 이런 방식을 취하고 있다. 폭 두 칸, 안 길 두 칸에 대부분 가게 주인과 그 가족들에 의해 운영되는 최소 비용의 가게가 그것이다.

　백화점이나 쇼핑 센터, 각종 대형점에서 일하는 점원들 역시 본질적인 면에서 보면 전혀 다를 것이 없다. 점원에게 있어 가능하면 에너지가 많이 소모되는 접객 행동을 줄이고 최소한의 손님만 접객하는 것보다 더 좋은 일은 없을 것이다.

　하지만 판매 경쟁이 심한 요즘 상황에서는 이렇게 하는 것이 불가

점원은 한 명의 손님은 접객하기 쉽다.

능하다. 게으름을 피우고 싶어도 상사나 선배, 동료들의 눈치 때문에 오히려 에너지를 더 소모하는 경우도 많다. 그래서 점원은 최소 비용을 위해 열심히 접객 행동을 하는 것이다.

점원은 손님이 한 명일 때는 접객에 매우 열심이지만 손님이 많을 때는 그다지 적극적으로 접객을 하지 않는 경향이 있다. 이는 자신의 세력권에 침입해 오는 손님 한 명을 대응하는 것은 그다지 많은 에너지를 소모하지 않는 일이지만 떼를 지어 침입해 오는 손님을 대응하는 일은 많은 에너지를 소모하게 만드는 일이기 때문이다. 힘든 일은 가능하면 피하려는 에너지 손익 계산이 작용하여 손님이 많을 때는 왠지 말을 걸기가 어려워지는 것이다. 이런 상황에서는 일반적으로 점원이 먼저 적극적으로 다가가기보다는 손님의 반응을 기다리는 경우가 많다.

 손님의 최소 비용

그렇다면 손님에게 있어 최소 비용 행동이란 무엇일까?

가게에서 드러나는 손님의 행동 역시 점원과 마찬가지로 태양새를 참고로 생각할 수 있다. 상품을 찾고 실제로 구입하는 행동은 태양새가 꽃을 찾는 행동에 해당한다. 그리고 점원의 접객 행동은 세력권 방위 행동에 해당한다. 아직 물건을 구입할지 않을지를 확실히 결정하지 않은 상태에서 말을 걸어오는 점원을 피하거나 거절하거나 적당히 얼버무려야 하는 일은 상당히 많은 에너지를 소모하게 하는 일이다. 손님이 쇼핑 중에 가게 안에서 쉬는 일은 없으므로 휴식 행동은 존재하지 않는 것으로 본다.

손님이 가게 안에서 보이는 행동을 물건을 찾는 행동과 세력권을

방위하는 행동이라고 한다면 손님에게 있어 최소 비용 행동이란 세
력권 방위 행동을 전혀 하지 않고 상품을 찾는 행동만 하는 것이다.
다시 말해 점원의 존재를 전혀 신경 쓰지 않고 자유롭게 상품을 만져
보거나 살펴보다가 사고 싶은 마음이 생겼을 때 점원의 접객을 받는
것이다. 점원의 입장에서 보면 놓치기 쉬운 일이지만 쇼핑할 때 가장
피곤한 일은 바로 점원과의 관계다.

　우리는 평소에 다른 사람들과 커뮤니케이션을 하는 것이 에너지를
많이 소모하는 일이라는 것을 거의 느끼지 못한다. 하지만 커뮤니케
이션은 동물이 좀 더 효율적으로 살아가기 위해 만든 것이기 때문에
커뮤니케이션을 하는 데에도 어느 정도의 비용이 소모된다.

　판매 현장에서 손님의 행동을 잘 관찰해 보면 손님은 일반적으로
점원의 접객을 별로 받지 않는 가게로 들어간다는 것을 알 수 있다.

손님이 많은 가게에는 들어가기 쉽다.

예를 들어 손님은 주로 손님이 많은 가게로 들어간다. 손님이 많아서 혼잡하거나 줄을 길게 서 있는 가게, 이런 가게를 손님이 '무리'를 이루고 있다고 한다. 이런 가게의 점원들은 대개 다른 손님을 접객하는 일로 바쁘기 때문에 접객을 해 올 가능성이 매우 적다. 그러면 세력권 방위 행동 없이도 자유롭게 상품을 둘러볼 수 있다는 마음이 들어 강하게 이끌린다. 반대로 가게 안에 손님이 한 명도 없거나 손님보다 점원 수가 많은 가게에서는 접객을 해 올 가능성이 높다. 이런 가게에서는 세력권 방위 행동을 하게 되어 에너지를 소모하게 되고, 점원들의 눈치를 보면서 물건을 둘러봐야 한다는 부담이 작용하여 쉽게 다가가기가 어렵다.

손님이 없는 가게에서는 마음이 불편하다.

판매 현장의 점원과 손님 사이에도 인간관계가 존재한다. 손님이 가게에 오거나 오지 않는 것, 또 물건을 사는 것과 사지 않는 것은 점원과 손님간의 커뮤니케이션이 잘 이루어지고 있는지 아닌지와 관련이 깊다.

과거에는 인간간의 커뮤니케이션이 언어를 중심으로 이루어진다고 생각했다. 그러나 지금은 언어 이외에도 다양한 요소가 커뮤니케이션 수단이 된다는 사실을 누구나 알고 있다. 하지만 성별이나 연령, 용모, 표정, 시선, 말, 음성, 상호간의 거리, 접촉 방법, 냄새 등에 관해서는 연구가 진행되고 있지만 행동 자체에 관해서는 연구된 바가 거의 없다. 분명히 커뮤니케이션 행동이 존재하며 무의식중에 큰

손님은 점원의 행동에 민감하게 반응한다.

영향을 받고 있음에도 불구하고 지극히 일상적인 일이라 간과했던 것이다.

인간의 행동은 기본적으로 회전 움직임, 상하 움직임, 전후 움직임의 3가지로 나눌 수 있다. 그리고 이 3가지는 좀 더 자세하게 13가지로 분류할 수 있다. 여기서 재미있는 사실은 이 13가지 행동은 누구나 할 수 있는 것이 아니라 개인에 따라 쉽게 할 수 있는 행동도 있고, 또 그렇지 않은 행동도 있다는 것이다. 한 사람이 자주 하는 행동은 그 사람의 특징을 명확하게 보여 준다. 그것은 마치 습관과 같은데, 여기서는 이와 같은 13가지의 행동 특징을 '행동 습관'이라고 부르겠다.

인간에게는 누구나 각각의 행동 습관이 있고, 또 무의식중에 자신의 행동 습관에 큰 영향을 받는다. 판매 현장에서 접객을 하는 점원

점원의 행동과 말이 일치하지 않으면 손님은 불쾌함을 느낀다.

은 손님 접객에 열중하느라 자신의 행동 하나하나를 세심하게 의식하지 못하겠지만 접객 방식을 보면 그 사람의 행동 습관이 잘 나타난다. 예를 들어 앞쪽으로 빨리 움직이는 점원은 접객을 할 때도 손님에게 적극적으로 다가갈 가능성이 높다. 위쪽으로 힘을 주고 움직이는 습관이 있는 사람은 사과나 감사의 말을 할 때조차도 왠지 건방지고 주제넘게 보일 수 있다.

이러한 행동 습관은 그 사람의 여러 가지 행동을 통해 쉽게 관찰할수 있다. 왜냐하면 그것은 그 사람에게 있어 간단하게 할 수 있는, 즉비용이 가장 적게 드는 행동이기 때문이다. 반대로 그 사람이 좀처럼하지 않거나 평소의 습관과 상반되는 행동은 그 사람이 하기 어려운행동, 즉 비용이 많이 드는 행동이다. 이런 점원들을 손님을 접객할때도 비용이 가장 적게 드는 행동을 취하기 때문에 좀처럼 제대로 된접객을 할 수 없다.

사람의 행동을 만드는 가게 구조

판매 현장에서 일어나는 여러 가지 일들을 분석하기 위해서는 한 가지 더 파악해 두어야 할 중요한 문제가 있다. 그것은 바로 '가게의 구조'다. '사람의 행동'이라는 관점에서 점원의 행동을 관찰해 보면 잘되는 가게나 잘 안 되는 가게 모두 특유의 점원 행동이 있다.

그러나 점원의 행동에 대한 근본적인 원인은 '가게의 구조'에 있다는 사실을 인식하지 않으면 안 된다. 왜냐하면 적절한 가게 구조야말로 성공하는 가게로 가는 출발점이기 때문이다.

모든 가게는 3공간으로 구성되어 있다.

침대나 탁자, 의자가 있는 방에서는 서양식 생활이 가능하지만 전통적인 구조의 방에 방석과 탁자를 놓고 행동만 서양식으로 바꾸는 것은 불가능하다. 마찬가지로 가게의 구조에 따라 점원의 행동도 크게 달라진다.

가게 구조를 분석하기 위해서는 먼저 가게의 구성 요소를 살펴보아야 한다. 가게는 상품 공간, 점원 공간, 손님 공간, 이렇게 3공간으로 나누어진다. 아무리 복잡한 가게도 이 3가지 요소로 파악할 수 있으며, 모든 가게는 판매 현장에 있는 한 이 3공간으로 구성되어 있다. 또한 모든 판매 현장에는 이 3공간이 존재한다.

길거리의 노점상이건 호텔의 부티크이건 모두 상품 공간, 점원 공간, 손님 공간의 3공간으로 그 구조를 설명할 수 있다. 노점상이 잘되는 원리와 부티크가 잘되는 원리를 한 가지 기준으로 설명할 수 있어

어떤 가게든 반드시 3공간이 존재한다.

야 업종이나 취급 상품을 초월하여 '잘되는 가게의 원리'를 해명할
수 있는 것이다.

상품 공간, 점원 공간, 손님 공간의 3공간으로 가게의 공간을 분석
했다면 다시 4가지 유형으로 가게를 분류할 수 있다. 접촉형 가게, 유
인형 가게, 유인·회유형 가게, 접촉·유인·회유형 가게가 그것이
다. 이 4가지 유형은 다시 2가지 유형으로 분류할 수 있다. 그러나 어
떤 유형이 좋고 어떤 유형이 나쁘다고 말할 수는 없다. 가게의 입지
나 규모, 취급 상품, 점원의 능력에 따라 맞는 가게가 있고 맞지 않는
가게도 있기 때문이다.

여러 유형의 가게에 대해 알아보기 전에 먼저 각 유형의 구조적인
특징과 그런 유형의 가게에서 쉽게 볼 수 있는 점원의 행동을 간단히
정리해 보도록 하겠다. 자세한 내용은 《잘되는 가게는 분명한 이유가
있다》를 참고하기 바란다.

성공하는 가게의 법칙 ❷
상품 공간 · 점원 공간 · 손님 공간의 3공간 구성이 확실해야 한다.

3공간 분석에 의한 가게의 4분류

 ### 접촉형 가게

전면에 상품 공간이 있고 상품 공간과 점원 공간밖에 없는 유형의 가게다. 이 경우 손님 공간은 상품 공간 앞에 손님이 스스로 만들어야 한다.

접촉형 가게
(점원 공간이 좁은 경우)

점원 공간이 좁으면
손님이 들어가기 어렵다.

접촉형 가게
(점원 공간이 넓은 경우)

점원 공간이 넓으면
손님이 들어가기 쉽다.

① 점원 공간이 넓은 경우

점원 공간이 넓어지면 점원 공간에서 점원의 행동이 다양하게 나타난다. 그러나 지금까지는 그 행동이 손님을 끌어들이는 힘이 된다는 것을 간과해 왔다.

② 점원 공간이 좁은 경우

과거의 백화점 내에 있는 식품점이 대부분 이런 유형의 가게였으나 지금은 조금씩 넓어지고 있는 추세다. 가게 자체의 규모가 매우 작기 때문에 점원이 서 있거나 움직일 수 있는 공간도 당연히 좁을 수밖에 없다.

 ## 유인형 가게

가게 앞에 상품이 진열되어 있지 않아서 손님이 가게 안으로 들어가야만 상품을 볼 수 있도록 되어 있는 유형의 가게다.

① 점원 공간이 좁은 경우

좁은 공간에 유인형 가게를 만들 때 자주 볼 수 있다. 점원 동작이 발생하기 어렵고 상품 공간과 손님 공간의 세력권 해제가 어렵다.

② 점원 공간이 넓은 경우

접촉형 가게와 마찬가지로 유인형 가게도 점원 공간이 넓어지면 점원이 세력권을 해제하기가 쉽다. 그러나 지금까지는 이런 사실을 간과해 왔다.

 ### 유인 · 회유형 가게

가게 앞에 상품을 진열해 놓지 않아서 손님이 가게 안으로 들어가야만 물건을 돌아볼 수 있는 가게다. 이 유형은 점원 공간의 좁고 넓음이 문제가 아니라 점원 공간이 있는지 없는지에 따라 2가지로 나뉜다.

① 점원 공간이 있는 경우

편의점이 이 유형의 전형적인 예다. 일반적으로 점원 공간은 계산

유인형 가게
(점원 공간이 좁은 경우)

점원 공간이 좁으면
손님이 다가가기 어렵다.

유인형 가게
(점원 공간이 넓은 경우)

점원 공간이 넓으면
손님이 다가가기 쉽다.

대 안쪽으로 한정되어 있기 때문에 점원은 손님 공간으로 나오지 않고 손님을 접객한다.

② **점원 공간이 없는 경우**

점원은 손님 공간에서 손님을 기다리거나 접객을 한다. 이런 유형에서는 오랜 시간 손님을 접객해야 하기 때문에 점원의 행동이 중요하다.

유인 · 회유형 가게
(점원 공간이 없는 경우)

점원이 신경 쓰여서
상품을 둘러보기가 어렵다.

유인 · 회유형 가게
(점원 공간이 있는 경우)

점원 공간이 확실해서
손님이 들어가기 쉽다.

 ## 접촉 · 유인 · 회유형 가게

가게 앞쪽에 상품이 많이 진열되어 있으며, 손님이 가게 안으로 들어가서 가게 안을 돌아볼 수 있도록 되어 있는 가게다. 이 유형도 점원 공간의 유무에 따라 2가지로 나눌 수 있다.

① 점원 공간이 있는 경우

가게 안팎에 상품 공간을 모두 만들어 두고 점원은 점원 공간에 있

접촉· 유인· 회유형 가게
(점원 공간이 없는 경우)

점원이 신경 쓰여서
들어가기가 어렵다.

접촉· 유인· 회유형 가게
(점원 공간이 있는 경우)

부담 없이 들어갈 수 있는
가게라는 생각이 든다.

으면서 손님의 주문을 받은 뒤에야 접객을 시작하는 셀프서비스 판매 방식의 가게다. 최근에 유행하고 있는 구조다.

② 점원 공간이 없는 경우

가게 안팎에 상품 공간이 마련되어 있고 손님의 회유 통로가 충분히 설계되어 있긴 하지만 손님이 가게 안으로 들어가서 물건을 자유롭게 돌아보기 어렵게 하는 점원의 행동이 일어나기 쉬운 유형의 가게다.

지금까지 '접촉형 가게', '유인형 가게', '유인·회유형 가게', '접촉·유인·회유형 가게'의 구조적인 특징과, 그런 유형의 가게에서 볼 수 있는 점원의 행동을 살펴보았다. 이를 통해 각 가게의 구조와 그 속에서 벌어지는 점원의 행동이 손님을 끌어들이고 멀어지게 하는 데 큰 영향을 끼친다는 것을 알 수 있다.

성공하는 가게의 법칙 ❸

가게 구조에 따라 점원의 행동이 달라진다.

02

손님을 내쫓는 점원의 행동이 반복되는 이유

점원의 행동과 가게 구조가
주목받지 못한 이유

　점원의 행동은 손님을 끌어들이거나 멀어지게 하는 데 큰 영향을 미친다. 판매 중에는 점원의 최소 비용 행동과 손님의 에너지 손익 계산이 강하게 작용하고 있기 때문이다. 그러나 최근까지만 해도 이 점이 중요시되지 않았다. 그 이유가 무엇일까?

　가게가 별로 없던 시대에는 손님들이 가게에 대해 별로 불만을 갖지 않았다. 가게가 요즘처럼 우리의 생활과 밀접하게 관련되어 있지

가게가 존재하는 것만으로도 손님이 만족하던 시대

않기도 했지만 그보다 더 큰 이유는 손님에게 가게를 선택할 수 있는 선택권이 없었기 때문이다.

만약 마을에 가게가 하나밖에 없다면 손님은 물건을 사기 위해서는 반드시 그 가게에 가야 한다. 가게의 규모가 크건 작건, 물건이 많건 적건, 점원의 태도가 좋건 나쁘건 간에 그 가게에 가서 물건을 살 수밖에 없다. 점원의 태도와 물건의 질이 별로 마음에 들지 않아도 참고 사는 것이 손님에게는 득, 다시 말해 최소 비용이 소모되기 때문이다.

이런 시대의 가게 주인이나 점원은 손님에게 좋은 서비스를 제공하거나 기분 좋게 접객하려는 마음을 가지고 있지 않았다. 굳이 에너지를 소모하지 않아도 손님이 알아서 찾아왔기 때문이다.

그 후 가게 수가 증가하면서 경쟁이 시작됐지만 그와 동시에 손님

수요가 공급보다 많았기 때문에 가게의 좋고 나쁨을 따지지 않았다.

수도 증가했기 때문에 가게에는 여전히 손님이 많았다. 오히려 신제품의 출시로 가게는 더 많은 손님을 끌어들일 수 있었다. 특히 획기적인 신제품이 출시될 때마다 손님들은 서로 그것을 사려고 했기 때문에 가게의 구조나 점원의 행동에는 별다른 영향을 끼치지 않았다. 그 과정에서 손님은 귀중한 신제품을 사기 위해 몇 군데의 가게를 돌아보는 수고를 마다하지 않았고, 점원의 태도가 불친절해도 참고 관계를 이어 나갔던 것이다.

이처럼 가게는 신제품을 사들이는 일에는 신경을 써도 손님이 물건을 사기 쉬운 여건을 만드는 노력에는 소홀했다. 그러다 보니 자연스레 가게의 구조나 점원의 행동이 매상에 큰 영향을 끼친다는 사실을 깨닫지 못했던 것이다.

가게와 가게 간의 경쟁이 적었던 시절의 점원은 물건을 사지 않을 손님이 가게에 들어오는 것을 그다지 좋아하지 않았다. '아이 쇼핑 손님 사절'이란 말은 이 시대에 생겨난 것이다. 대신 귀중한 상품을 도난당하지 않기 위해 '가게를 지킨다'는 생각으로 가게 앞에 서 있는 일이 많았다. 또한 과거에는 점원과 알고 지내면 물건을 사는 데는 물론 여러 가지 면에서 유리했기 때문에 이런 점원의 태도와 가게의 구조에 대해 불만을 갖는 일은 거의 없었다.

　도시 문화가 보급되고 교통망이 발달하면서 가게의 수가 급격히 증가했다. 가게 수가 증가하면서 손님이 자유롭게 가게를 선택하여 쇼핑하는 일이 가능해졌다. 이렇게 되자 가게들은 비로소 조금이라도 손님을 더 끌어들이기 위한 노력을 시작했다. 그중에서도 가장 눈에 띈 것은 가격 경쟁이었다. 같은 상품을 같은 조건에서 판매할 경우 손님들은 당연히 가격이 조금이라도 더 싼 가게로 몰리게 마련이다. 그 결과 이제까지는 없었던 가격 인하 상품을 취급하는 할인점이 등장하고, 서로 치열한 가격 경쟁을 하기에 이르렀다. 가격이 싸다는 것을 광고하는 대형 가격 표시판과 광고물이 등장하고 가게 안에서 방송을 함으로써 가게는 매우 활기차게 변해 갔다. 이런 상황 속에서

가격이 싸면 손님들은 다른 것에 신경 쓰지 않는다.

손님들은 할인점의 싼 가격에 완전히 넋을 잃었다. 손님은 점원이 어떤 행동을 하는지에 대해서는 거의 신경을 쓰지 않았다. 손님의 관심은 오로지 조금이라도 더 싼 물건을 사는 데 집중되었다. 가게 역시 물건을 보다 싼 가격에 들여와서 효율적으로 판매하는 데만 관심이 있었을 뿐 손님에게 미치는 점원의 행동에 대해서는 별로 큰 관심을 갖지 않았다.

그 결과 가게는 차츰 대형화되어 갔다. 상품을 대량으로 들여와 대량으로 판매하면서 가격이 낮아졌을 뿐만 아니라 보다 많은 상품을 갖추어 놓음으로써 손님이 경쟁점으로 가는 것을 막을 수 있었기 때문이다. 그와 동시에 합리적인 판매 방식이 급속하게 도입되었다. 경비 삭감을 위해 가능한 한 점원 수를 줄인 것이다. 대신 계산대가 있는 셀프 판매 방식의 가게가 등장했다. 그러한 유형의 가게는 점원이

가게의 규모나 상품에 관심이 쏠리면 다른 것에는 신경 쓰지 않는다.

손님을 끌어들이는 행동을 하기에 쉬운 구조였지만 사람들은 이 점을 깨닫지 못했다. 심지어 비용을 더 절약한다는 차원에서 사람이 거의 없는 가게가 등장하기도 했다. 하지만 이런 유형의 가게는 손님이 상담이나 주문을 하는 데 많은 에너지를 소모하게 되어 점점 손님의 발길이 끊어져 갔다.

수많은 가게가 있고 상품이 충분한 지금은 판매 경쟁이 더욱 치열하다. 가게가 있는 것만으로도 감사했던 시대에서 상품이 드물었던 시대, 값이 싸면 좋았던 시대, 대형점이 매력적이었던 시대를 거쳐 이제는 물건이 다양하고 가격이 저렴한 상품을 모두 갖춘 대형점이라는 조건만으로는 손님을 끌기가 어려워졌다. 이 점만 보더라도 손님은 항상 그때그때 에너지 소모량이 가장 적은 방법을 선택해서 쇼핑한다는 것을 알 수 있다.

> **성공하는 가게의 법칙 ④**
> 손님은 가능하면 에너지 소모가 적은 방법을 선택해서 쇼핑한다.

　오랫동안 판매를 해 온 사람들 가운데는 물건을 많이 팔기 위해서는 무엇보다 정성을 다해 접객을 하는 것이 중요하다고 생각하는 사람들이 많다. 특히 상점가에서 수십 년간 이웃을 상대로 장사를 해 온 가게 주인들 가운데는 비록 자기가 조금 손해를 보더라도 손님을 위해 장사를 계속 해야 한다고 생각하는 사람들이 많다. 하지만 실제로 가게의 변천 과정을 살펴보면 손님은 결코 모든 가게에서 진심으로 만족하지 않는다는 것을 알 수 있다. 손님은 조금이라도 자신에게 더 나은 가게가 나타나면 바로 그 가게로 이동해 간다. 이 점만 보더라도 손님은 한 가게에 만족하지 않는다.

　판매 경쟁이 심해지면서 가게 규모는 점점 커지고 상품은 풍부해

 점원의 적극적인 행동은 손님을 멀어지게 한다.

졌으며 가격은 낮아졌다. 이와 동시에 손님의 쇼핑 방법도 크게 바뀌었다. 이전까지는 점원에게 일일이 양해를 구한 뒤에야 물건을 구경할 수 있었고, 일단 가게에 들어가면 아무리 작은 것이라도 무언가를 사야만 했다. 하지만 지금은 자유롭게 물건을 만져 보고 구경할 수 있을 뿐만 아니라 아무것도 사지 않더라도 당당하게 밖으로 나올 수 있다. 그렇다 보니 전자의 판매 방식을 취하는 가게는 점점 쇠퇴하고 있다. 즉 손님은 조금이라도 들어가기가 불편하거나 물건을 사기 어려운 가게를 싫어한다.

가게 수가 적거나 구하기 어려운 인기 상품을 판매하던 시대라면 몰라도 어느 가게를 가더라도 같은 상품을 구입할 수 있는 지금은 점원의 행동과 그것을 창출해 내는 가게 구조가 큰 힘을 발휘한다. 과거에는 이 점을 간과했지만 시대의 변화와 함께 점원의 행동과 가게

일을 하고 있거나 접객 중인 손님의 행동이 손님을 끌어들인다.

의 구조가 중요하게 여겨지고 있다. 이른바 잘되는 가게라고 해서 다른 가게와 다른 상품을 판매하고 있는 것은 아니다. 오늘날처럼 가게와 가게 간의 경쟁이 치열한 상황에서는 한 가게에서만 특별한 상품을 판매한다는 것이 사실상 불가능하다. 그렇다면 잘되는 가게와 안 되는 가게는 무엇이 다를까?

잘되는 가게와 안 되는 가게를 각각 한 곳씩 선정하여 관찰해 보았을 때 가장 먼저 눈에 띄는 점은 점원의 행동이다. 잘되는 가게의 점원은 가만히 서 있는 시간이 거의 없는 데 반해 안 되는 가게의 점원은 대부분의 시간을 가게 앞이나 가게 안에 가만히 서서 손님을 기다린다. 즉 잘되는 가게의 점원은 손님을 끌어들이는 행동을 하고 있지만 안 되는 가게의 점원은 손님을 멀어지게 하는 행동을 하고 있는 것이다.

이미 설명했듯이 손님은 가능하면 에너지 소모량이 적은 쇼핑을 하고 싶어 한다. 특히 요즘 손님들은 점원의 행동을 재빨리 관찰하여 조금이라도 에너지가 더 소모될 것 같은 가게는 멀리한다.

성공하는 가게의 법칙 ❺
잘되는 가게의 점원은 손님을 방해하지 않겠다는 무언의 메시지를 전달하여 손님을 끌어들인다.

'사람의 행동'을 간과한 점원 교육

'사람의 행동'을 간과한 2가지 접객 방식

 단골 손님 접객

가게에서의 접객 방식은 2종류로 나눌 수 있다.

첫 번째 접객 방식은 단골 손님 접객이다. 이는 말 그대로 단골 손님을 대상으로 하는 접객 방식으로, 보통 손님이 주문을 하기 전부터 접객을 시작한다. 지역 손님을 상대로 하는 작은 가게는 찾아오는 손님의 대부분이 알고 지내는 사람이다. 점원 역시 가게의 주인이거나 가족인 경우가 많기 때문에 점원과 손님이 서로 알고 지내는 사이가

주문을 받기 전부터 접객을 시작하는 단골 손님 접객

많다. 이런 유형의 가게에서는 평소의 인간관계를 무시하고 장사를 하기가 어렵다. 서로 오랜 기간 알고 지내 온 사이라 상대방을 속이 거나 일시적으로 이윤을 남기려는 생각은 결코 유리하지 않다는 것을 알기 때문이다. 손님 역시 점원과 친하게 지내는 것이 쇼핑을 하는 데 유리하기 때문에 가능하면 점원과의 관계를 원만하게 유지하려고 한다.

이처럼 일상의 인간관계가 판매 현장으로 연결되어 갈고 다듬어진 것이 단골 손님 접객이다. 이런 유형의 가게는 손님이 왔는데도 모르는 척하고 가만히 있는 것은 예의 없는 행동이라 생각한다. 오히려 점원이 손님에게 다가가 바로 말을 거는 것을 접객의 기본이라 생각한다. 예의나 관습을 중시하는 단골 손님 접객은 오랫동안 올바를 접객 방식으로 여겨져 많은 가게들에서 취해져 왔다.

 ## 낯선 손님 접객

낯선 손님 접객이란 낯선 손님, 즉 처음 온 손님이나 모르는 손님을 대상으로 하는 접객 방식이다. 이 방법은 단골 손님 접객과는 달리 손님이 주문을 해야만 접객이 시작된다.

교통의 요지인 도시나 번화가는 유동 인구가 굉장히 많다. 이러한 곳에 있는 가게에는 매일매일 새로운 손님이 찾아든다. 또한 규모가 큰 만큼 점원의 수도 많다. 그러나 자주 바뀌기 때문에 손님과 점원이 알고 지내는 경우는 드물다. 이처럼 매일매일 바뀌는 많은 손님을 대상으로 한 가게에서는 일반적인 인간관계를 맺기가 어렵다. 그래서 점원은 손님이 먼저 말을 걸어오기 전까지는 접객을 시작하지 않는다.

사람의 행동이라는 관점에서 점원을 관찰해 본 결과 가게 앞이나 안에 가만히 서 있거나 너무 빨리 접객을 시작하는 것은 '손님을 멀어지게 하는 행동' 이지만 반대로 다른 손님을 접객하거나 작업을 하는 것은 '손님을 끌어들이는 행동' 이라는 결과가 나왔다.

이 결과와 접객 방식을 통해 지금까지 접객의 중심이 되었던 단골 손님 접객은 손님을 멀어지게 하는 행동이며, 반대로 낯선 손님 접객은 오히려 '손님을 끌어들이는 행동' 이라는 결론을 내릴 수 있다. 최근의 경향만 보더라도 손님들은 단골 손님 접객을 하는 가게는 멀리하고, 낯선 손님 접객을 하는 가게로 가는 것을 볼 수 있다.

주문을 받은 뒤에야 접객을 시작하는 낯선 손님 접객

간부가 가게에 오면 물건이 팔리지 않는다

"간부가 가게에 오면 물건이 전혀 팔리지 않아요."

단지 겉으로 표현하지 않고 있을 뿐 점원들 가운데 이런 생각을 갖고 있는 사람이 놀랄 만큼 많다. 그렇다면 간부가 가게에 오면 물건이 팔리지 않는다는 말은 무슨 뜻일까?

가게의 경영자는 지금은 예전만큼 장사가 잘되지 않는다는 것을 잘 알고 있다. 그래서 어떤 상품을 어떻게 판매하면 좋을지를 늘 고민한다. 대부분의 경영자는 자신감과 적극성을 기반으로 가게를 키운 경험이 있는 사람들이기 때문에 일단 매상이 오르지 않으면 그 잘못을 점원의 노력 부족으로 돌리는 경향이 있다. 그래서 매일같이 간부들을 불러 좀 더 적극적이고 진취적으로 판매에 응할 것을 요구한

간부가 가게에 오면 손님을 멀어지게 하는 점원의 행동이 나타난다.

다. 간부들 역시 적극적인 판매 방식과 노력으로 지금의 지위에 오른 사람들이라 사장의 의견을 그대로 따른다.

간부들은 보통 몇 군데의 가게를 책임지고 있으며, 모든 가게들은 치열한 매상 경쟁을 하고 있다. 간부들은 가게를 방문할 경우 보통 매상과 상품의 진열 상태, 점원의 근무 상태 등을 점검하고 지시한다. 그중에서도 가장 신경을 쓰는 것이 점원의 접객 행동이다. 그래서 점원이 적당한 위치에 서 있는지, 손님을 맞을 자세를 하고 있는지, 가게에 들어온 손님에게 바로 인사를 하는지 등을 중점적으로 교육한다. 경영자나 간부들은 손님은 점원이 올바른 접객 태도를 보이고 자신을 적극적으로 맞아 주기를 바란다고 생각하기 때문이다.

간부가 가게에 오면 대부분의 점원은 교육받은 대로 할 수밖에 없다. 그렇지 않으면 질책을 받고 또 평가 점수도 떨어지기 때문이다.

아무것도 모르는 간부가 잘못된 노하우를 가르치게 된다.

그러나 평소에는 간부들이 시킨 대로 하지만은 않는다. 그렇게 해서는 매출이 오르지 않는다는 것을 알기 때문이다. 다시 말해 점원들은 간부가 눈치 채지 못하는 선에서 능숙하게 일을 처리하고 있다.

가게 안에 서서 손님을 기다리면 점원의 세력권 주장이 지나치게 강해져 손님이 가게 안으로 들어가기 어려워진다. 한술 더 떠서 가게 근처를 지나는 손님에게 "어서 오세요."라고 먼저 인사를 하면 손님은 도망가 버리고 만다. 그럼에도 불구하고 대부분의 간부들은 단정한 자세로 손님을 기다리지 않고 작업을 계속하는 점원을 질책하거나 가게 안에 손님이 들어오자마자 말을 붙이지 않는 점원에게 의욕이 없다며 화를 낸다.

가게에 간부가 들어오면 가게는 긴장되고 경직된다. 그러다 보면 자연히 점원의 행동은 부자연스러워진다. 다시 말해 간부가 있는 동안 그 가게는 기능을 상실하는 것이다.

손님이 주문을 하기 전부터 접객을 시작하는 단골 손님 접객은 손님을 멀어지게 하는 행동이다. 그러나 아직도 많은 가게들이 점원들에게 단골 손님 접객을 하라고 교육하고 있다. 그 이유는 무엇일까?

이는 단골 손님 접객을 해도 높은 매상을 올리는 몇 안 되는 점원이 있기 때문이다. 그들은 손님이 들어오자마자 말을 건다. 그리고 손님과 이런저런 얘기를 하는 과정에서 손님 마음에 들게 되어 많은 상품을 판매한다. 이런 사람들은 대부분 점원 교육을 담당하여 자신의 노하우를 전수하는 업무를 맡는다. 하지만 현실적으로 이런 교육은 대부분 실패한다. 그렇다면 그 이유는 무엇일까?

 판매 달인의 행동

일반 점원에 비해 월등하게 높은 매상을 올리는 점원, 이른바 '판매의 달인'이라고 할 수 있는 사람들의 행동에는 공통된 특성이 있다. 《잘되는 가게는 분명한 이유가 있다》에서 소개한 것처럼 모든 사람은 각각 자신 있는 행동과 그렇지 않은 행동을 가지고 있다. 이와 같은 행동 특징을 '행동 습관'이라 부른다고 했다. 행동 습관은 모두 13가지이지만 사람에 따라 한 가지 행동만 뛰어난 사람도 있고 여러 가지 행동에 뛰어난 사람도 있어서 조합하기가 매우 복잡하다. 13가지 행동 습관은 다음과 같다.

몸을 바깥쪽에서 안쪽으로 회전시켜 한 점을 손가락으로 가리키는 일점 주의 접객, 몸을 바깥쪽에서 안쪽으로 애매하게 움직이는 주의 불명 습관, 몸을 안쪽에서 바깥쪽으로 크게 벌리는 전체주의

접객, 몸을 안쪽에서 바깥쪽으로 회전시켜 한 점을 손가락으로 가리
키는 부주의 지시 습관, 몸을 위에서 아래로 힘을 주어 움직이는 공
격 습관, 몸을 위에서 아래로 힘을 빼고 움직이는 허탈 습관, 몸을
아래에서 위로 힘을 빼고 움직이는 협조 습관, 몸을 아래에서 위로
힘을 넣어 움직이는 독단 습관, 몸을 앞으로 천천히 움직이는 접근
습관, 앞을 향해 몸을 갑자기 빨리 움직이는 돌진 습관, 몸을 뒤로
향해 재빨리 움직이는 기민 습관, 몸을 뒤로 향해 천천히 움직이는
퇴피 습관, 어느 방향으로도 움직이지 않고 가만히 서 있는 부동 습
관이 그것이다.

13가지 행동 습관 가운데 판매의 달인이 되기 위해 가장 필요한 것
은 기민 습관이다. 기민 습관이 있는 사람은 가능하면 일을 빨리 끝
내고 서둘러 그 장소를 떠나려는 경향이 있다. 그렇기 때문에 그들은

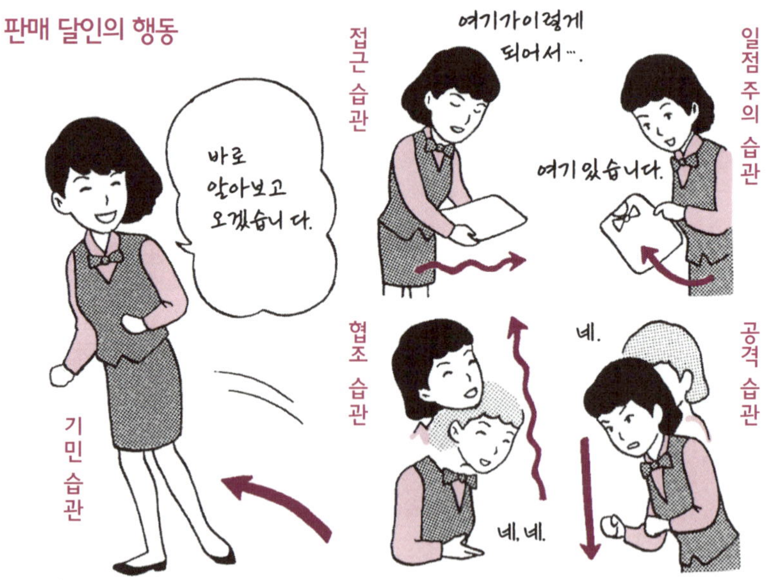

판매의 달인은 행동에 의해 만들어진다.

가게 앞에 가만히 서 있거나 손님에게 끈질기게 접객을 하는 등 세력권 주장 행동을 하지 않는다. 그러나 기민 습관만 뛰어난 점원은 판매에는 능숙하지만 기민 습관밖에 없기 때문에 다른 점원을 지도하거나 리더십을 발휘하는 일에는 서투르다.

　반대로 기민 습관은 물론 일점 주의 습관이나 협조 습관, 공격 습관, 접근 습관 등의 인상이 좋은 행동 습관을 함께 갖고 있는 점원이라면 이른바 판매의 달인이라고 할 수 있다. 그들은 이런 행동 습관으로 단골 손님을 접객해도 세력권 방위 행동을 일으키지 않는다. 또한 티를 내지 않고 자연스럽게 다가가 좋지도 나쁘지도 않게 적절한 방법으로 접객을 하기 때문에 자연스럽게 손님과 인간관계를 맺을 수 있다.

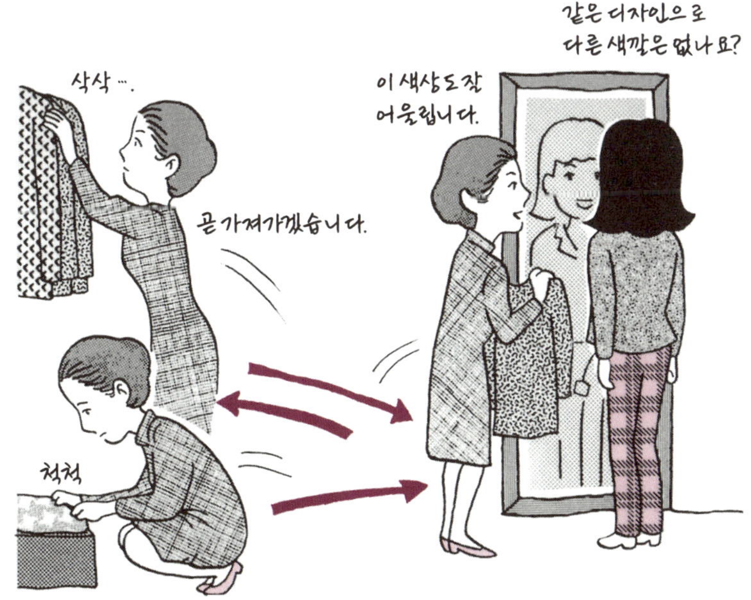

판매에 능숙한 점원의 행동을 습득하는 일은 매우 어렵다.

기민 습관이 없는 점원은 손님의 세력권 방위 행동을 일으키는 행동을 하기 쉽다. 대부분의 점원은 손님에게 자연스럽게 다가가는 일에 서툴다. 가까이 다가가더라도 그 옆에 가만히 서 있거나 말을 거는 타이밍이 적절치 않아 오히려 손님을 불편하게 만든다. 하지만 그들은 배운 대로 하고 있기 때문에 자신의 행동이 손님을 멀어지게 하는 행동이라는 것을 좀처럼 인식하지 못한다.

이처럼 단골 손님 접객은 일부 노련한 점원을 제외한 대부분의 일반 점원은 좀처럼 능숙하게 할 수 없다. 그러나 지금까지는 사람마다 고유의 행동 습관이 있다는 것을 몰랐기 때문에 누구나 교육을 받으면 판매를 잘할 수 있다고 믿었다. 그로 인해 현실적으로는 효과가 적은 교육이 계속해서 반복되어 온 것이다. 하지만 이와 같은 상황이

손님은 접객을 받으면 대체로 불만을 느낀다.

분명해지면 점원에게 요구하는 내용도 크게 달라진다. 즉 어려운 단골 손님 접객 대신 누구나 할 수 있는 낯선 손님 접객으로 방식을 바꾸는 것이다. 단골 손님 접객은 손님이 주문을 하기 전부터 접객을 시작하기 때문에 손님을 멀어지게 할 가능성이 높지만 낯선 손님 접객은 손님이 주문을 하기 전까지는 접객을 하지 않기 때문에 문제가 거의 발생하지 않는다. 일단 물건을 사겠다고 마음먹은 손님은 점원이 다소 친절하지 않더라도 크게 신경을 쓰지 않는다.

이처럼 낯선 손님 접객은 누구나 할 수 있고, 또 손님이 받아들이기도 쉬운 접객 방식이다. 단골 손님 접객에서 낯선 손님 접객으로 바꾸기 위해서는 우선 가게를 낯선 손님 접객을 하기 쉬운 구조로 바꿀 필요가 있다. 그러나 단골 손님 접객을 염두에 두고 만든 가게의 구조로는 낯선 손님 접객이 불가능하다는 것을 알아야 한다.

63

점원이 접객을 해 오지 않아도 손님이 불만을 느끼지 않는다.

점원의 존재를 간과한 점포 설계

점원 공간을 무시한 가게 설계의 실패

　상품의 파워가 강했던 시대의 손님들은 신제품이 발매되는 것만으로도 신기해하며 상품에 집착했다. 하지만 차츰 경쟁이 심해지고 신제품이 포장만 바뀌어 출시되면서 상황은 바뀌었다. 그러자 가게들은 다른 방법으로 이에 대응했다. 별로 신기하지도 않은 신제품을 어떻게든 좋게 보이기 하기 위해 새로운 색채와 새로운 재질로 가게 내부를 꾸미고 새로운 인테리어를 단행한 것이다. 그러나 이렇게 하여 모든 가게가 성공한 것은 아니다. 오히려 뜻하지 않은 결과를 본 곳

 점원 공간이 없는 가게에서는 손님과 점원 모두 스트레스를 받기 쉽다.

도 많았고, 가게 주인과 디자이너의 주장을 지나치게 내세운 나머지 물건을 판다는 목적에서 벗어난 인테리어를 하는 가게도 많았다. '물건을 파는 데 적합한 구조가 있다'는 개념이 없는 상태에서 대부분 자신들의 생각만으로 가게를 꾸민 결과였다.

일반적으로 가게를 수리하면 일시적으로는 손님이 증가한다. 가게가 새롭게 바뀌면 손님은 한 번 정도는 그것을 보기 위해 찾아온다. 하지만 그 뒤에도 계속해서 손님이 찾아올 수 있게 만드는 것은 그 가게가 손님에게 좋은 가게인지 좋지 않은 가게인지에 달려 있다. 가게 주인이나 디자이너는 자신들의 인테리어에 만족한다 하더라도 손님 마음에는 들지 않을 수 있다. 실제로 수리를 한 뒤로 예전보다 더 장사가 안 된다는 가게도 많다.

가게가 상품 공간, 점원 공간, 손님 공간의 3공간으로 구성되어 있

점원 공간이 지나치게 좁으면 점원이 세력권 주장 행동을 하기 쉽다. 

다는 설명은 이미 앞에서 했다. 장사가 잘 안 되는 가게의 공통점은 점원 공간을 대수롭지 않게 여긴다는 것이다. 그들은 어떤 상품을 어떤 식으로 진열할 것인지에 대해서는 상당히 열심히 연구한다. 손님을 위한 공간 문제에도 매우 신중하다. 그러나 점원이 어느 위치에 있을 것이며 어떤 동작을 하는 것이 좋을지, 그리고 그렇게 하기 위해서는 얼마만큼의 장소를 어떤 형태로 준비하면 되는지에 관해서는 전혀 신경 쓰지 않는다.

점원 공간이 구분되어 있지 않은 가게는 점원에게 불편하다. 가게 문을 열고 어디에 어떤 자세로 있으면 좋을지를 몰라 스트레스를 받는 점원도 있다. 이처럼 점원 공간을 중요하게 생각하지 않는 가게는 손님에게도 불편하다.

서로 이해가 대립되어 있는 점원과 손님이 가게에서 인간관계를 맺는다는 것은 굉장히 많은 에너지를 소모하게 만드는 일이다. 그러나 지금까지는 이 점을 잘 몰랐기 때문에 새로운 인간관계를 맺는 데 편리한 구조로 가게를 설계하거나 개장(改裝)했다. 점원과 손님의 관계가 원만하게 유지되기 위해서는 반드시 점원 공간이 있어야 한다. 점원 공간에 대한 배려 없이 접객 중심으로 설계된 가게는 점원을 괴롭게 할 뿐만 아니라 손님을 멀어지게 하는 결과를 낳을 뿐이다.

오늘날의 가게들은 또 하나의 커다란 문제점을 갖고 있다. 그것은 바로 동선(動線)의 문제다. 가게를 지어 봤거나 새로 꾸며 본 사람이라면 동선 계획이라는 말을 들어 본 적이 있을 것이다.

동선이란 운용하는 사람이나 물건이 시간에 따라 이동하는 궤적이나 빈도, 방향을 표시하는 선으로, 손님 동선과 점원 동선 2가지로 나눌 수 있다.

손님 동선이란 손님이 움직여 가는 길을 말한다. 손님은 먼저 입구를 통해 들어와 물건 앞에 멈춰 섰다가 상품이 있는 안쪽으로 이동한다. 이것이 가게가 생각하는 이상적인 손님의 동선이다. 가게 주인과 디자이너는 보통 계산대의 위치를 정하거나 상품을 배치할 때 이 동선을 생각하여 결정한다. 가게 안까지 손님이 들어오게 하기 위해 안쪽에 인기 있는 상품을 배치하거나 출구 근처에 값비싼 상품을 배치하여 손님이 일단 가게 안으로 들어오도록 유도하기도 한다. 그들은 손님의 동선이 길면 길수록 좋다고 생각하기 때문에 손님이 가능하면 오랫농안 가게 안을 둘러볼 수 있도록 하는 상품 배치 계획을 세운다.

또다른 동선은 점원 동선이다. 손님 동선과 달리 점원 동선은 짧으면 짧을수록 좋다는 것이 이제까지의 일반적인 생각이었다. 점원이 별로 움직이지 않아도 접객이 가능한 효율적인 가게를 만들려는 생각 때문에 점원 공간은 점원이 겨우 서 있을 정도의 좁은 공간이 되고 말았다.

접촉형 가게와 유인형 가게의 경우

동선에 관한 이 2가지 편견으로 인해 접촉형 가게와 유인형 가게의 점원 공간은 더욱 좁아졌다. 아래의 그림은 점원 공간이 좁은 유인형 가게의 전형적인 예로, 앞에서 말한 예상 경로를 가정하여 만든 손님

점원과 손님의 관계를
염두에 두지 않은 동선 계획

점원의 행동이 손님의 행동에
결정적인 영향을 미쳐
동선 계획이 예상대로
진행되지 않는다.

동선이다. 가게 앞에 멈춰선 손님은 상품에 이끌리듯 가게 안으로 들어온다. 그리곤 안쪽에 있는 상품까지 충분히 살펴보고 난 뒤에 상품을 산다. 포장하는 동안 의자에 앉아서 기다렸다가 물건을 받아들고 만족하며 가게를 나선다. 언뜻 보면 좋은 계획으로 보인다. 그런데 왜 실제로는 계획대로 되지 않는 걸까?

왼쪽에 있는 두 개의 그림 가운데 아래의 그림은 위의 가게에 두 명의 점원을 배치한 것이다. 점원이 가만히 서서 손님을 기다리고 있으면 손님의 동선은 이렇게 변한다. 가게 앞에 멈춰 선 손님은 점원의 세력권 주장 동작에 반응하여 그대로 지나가 버린다. 점원을 배치함으로써 예상했던 동선이 무의미해진 것이다. 이 가게가 손님을 끌고 싶다면 점원이 세력권을 해제해야 한다. 그러나 이 가게는 점원 공간이 좁기 때문에 그런 동작을 할 수 없다.

접촉형 가게와 유인형 가게는 손님 동선과 점원 동선을 길게 하는 것이 좋다. 그러기 위해서는 점원 공간을 넓혀야 한다. 지금까지는 점원이 가능하면 덜 움직이고 접객할 수 있는 가게가 효율적이라고 생각해 왔지만 이제는 손님을 끌어들이는 점원의 행동이 많지 않은 이상 높은 매상을 올릴 수 없다.

유인 · 회유형 가게와 접촉 · 유인 · 회유형 가게의 동선 계획

손님이 가게 안을 돌아다니며 상품을 볼 수 있도록 되어 있는 회유형 가게에서 점원 공간을 명확하게 만드는 것은 드문 일이었다. 가능한 많은 상품을 진열하기 위해서는 점원 공간을 만드는 것이 쓸데없는 일이라고 생각했기 때문이다. 또한 점원은 손님이 오면 바로바로 접객을 하는 것이 바른 행동이라고 여겼기 때문에 일부러 점원 공간을 만들어 놓고 그곳에서 손님을 기다린다는 것은 무의미하다고 생각했다.

그런데 점원 공간이 있는 셀프서비스 판매 방식의 가게가 속속 등장하여 높은 매상을 올리자 점차 이를 모방한 구조의 가게가 등장했다. 하지만 의미를 잘 모른 채 구조만을 모방한 가게들을 결국 점원 교육을 철저하게 하지 못했고, 점원들도 종전의 접객 방식을 그대로 유지했다.

아래 그림은 점원 공간이 있는 접촉·유인·회유형 가게의 예다. 점원이 가게 앞 가까운 곳에 가만히 서 있기 때문에 손님이 가게 안으로 들어가기 어렵다. 이처럼 애써서 좋은 구조의 가게를 만들어 놓고도 점원이 그에 맞는 접객을 하지 못하면 손님의 동선은 전혀 예상 밖의 것이 되어 버린다.

잘 계획된 가게라도 점원의 행동에 따라 손님의 동선이 변한다.

아래의 그림은 점원이 점원 공간에 들어가 있는 예다. 점원이 항상 점원 공간에 있어서 접객을 해 오지 않을 것이라고 생각하면 손님은 안심하고 가게 안으로 들어가게 된다. 이렇게 가게 안으로 들어간 손님은 계획대로 가게 안을 둘러본다. 점원이 접객을 해 오지 않으므로 에너지 소모 없이 상품을 볼 수 있기 때문에 손님은 오랫동안 상품을 둘러볼 수 있다.

점원 공간이 없거나 점원 공간이 있어도 점원이 손님 공간에서 기다리는 가게에서는 손님과 점원 사이에 조금이나마 인간관계가 발생한다. 그렇게 되면 손님은 뭔가 사야 할 것 같은 생각이 들어 가게 안으로 들어가지 못한다. 한편 점원은 모처럼 손님을 맞이했는데 손님이 물건을 구입하지 않고 그냥 나가면 화를 내거나 불쾌한 태도를 보인다.

점원이 점원 공간에 있어야 이상적인 손님 동선이 발생한다.

그러나 점원 공간이 확실히 구분되어 있고 낯선 손님 접객을 하고 있는 가게에서는 확실하게 물건을 사겠다는 결정을 하기 전까지는 접객을 하지 않는다는 것을 손님과 점원 모두 알고 있기 때문에 이런 문제가 발생하지 않는다.

지금까지의 동선 계획이 실패했던 이유는 점원이 손님에게 주는 영향력을 계산에 넣지 않았기 때문이다. 동선 계획에서 가장 중요한 것은 '손님의 동선은 점원의 행동에 의해 통제를 받는다'는 사실을 분명히 인식하는 것이다.

성공하는 가게의 법칙 ❽
손님의 동선은 점원의 행동에 큰 영향을 받는다.

03

계속해서 변화하는 가게의 3공간 분석

과자점도 셀프화가 추세

과거 대부분의 과자점은 '점원 공간이 좁은 접촉형 가게' 또는 '점원 공간이 좁은 유인형 가게'였다.

아래의 그림은 '점원 공간이 좁은 접촉형 가게'의 예로, 지금도 백화점 식품 코너에서 흔히 볼 수 있는 과자점의 전형적인 예다. 이 과자점은 한두 개의 진열장이 있는 좁은 상품 공간과 그 뒤로 점원이 겨우 서 있을 수 있는 정도의 좁은 점원 공간으로 구성되어 있다. 상점가에서 흔히 볼 수 있는 작은 과자점들은 이처럼 대부분 '점원 공

점원의 세력권 주장 행동이 손님을 쫓아낸다.

간이 좁은 유인형 가게'에 속한다.

점원 공간이 좁은 접촉형 가게와 점원 공간이 좁은 유인형 가게의 점원은 자유롭게 행동할 수 없기 때문에 가게 앞이나 작은 점원 공간에 가만히 서서 손님을 기다린다. 그러나 점원이 가만히 서서 손님을 기다리는 것은 점원의 세력권 주장을 나타내는 행동이기 때문에 손님에게는 부담스럽다. 또한 이런 가게의 점원들은 손님이 오면 곧바로 다가가 "어서 오세요."라고 말을 거는데, 이것 역시 손님을 멀어지게 하는 행동이다.

이처럼 예전의 백화점이나 상점가의 과자점은 손님이 부담 없이 구경하기 어려운 공간이었다. 이런 가게에서 손님이 물건을 살 수 있는 경우는 사람들이 가게 앞으로 많이 지나다니거나 다른 손님이 쇼핑을 하고 있을 때뿐이었다.

성공하는 가게의 법칙 ❽
점원 공간이 좁으면 세력권 주장 행동이 나타난다.

그러던 중 백화점 내에 비교적 규모가 큰 과자점이 등장했다. 그러나 규모가 크다고 해도 대부분 '점원 공간이 좁은 접촉형 가게' 또는 '점원 공간이 좁은 유인형 가게'로, 구조는 거의 비슷하되 크기만 옆으로 늘어난 형태였다. 이런 가게는 진열대가 보통 3~4개라 진열대가 하나 정도인 다른 가게에 비해 점원의 세력권이 해제되기 훨씬 쉬웠다. 이런 가게들은 당연히 손님을 많이 끌어 모았다. 그러나 사람들은 단순히 규모가 크기 때문에 매출도 높은 것이라고만 생각했다. 그 후 '점원 공간이 넓은 접촉형 가게'와 '점원 공간이 넓은 유인형 가게'가 등장하여 폭발적인 매상을 올리게 되었다.

아래 그림은 '점원 공간이 넓은 접촉형 가게'의 점원 공간이다. 이

● 점원 공간이 넓으면 손님의 마음을 끄는 점원의 행동이 나타나기 쉽다.

처럼 점원 공간 안에 포장대와 점원이 자유롭게 움직일 수 있을 정도
의 넓은 점원 공간이 있다는 것은 매우 획기적인 일이었다. 왜냐하면
가게를 만들 때 일반적으로 상품 공간과 손님 공간을 넓게 하는 경우
는 있어도 점원 공간을 넓게 만든다는 것은 생각조차 하지 못했기 때
문이다. 이런 고정관념에 얽매여 있었기 때문에 사람들은 가게의 구조
와 매상이 깊은 관련이 있다는 것을 알지 못했다. 그러나 백화점의 과
자점 중에서도 이 같은 형태의 구조를 취하고 있는 가게가 매출 면에
서 단독 선두를 달렸고, 경쟁점들은 그 모습을 지켜볼 수밖에 없었다.
　'점원 공간이 넓은 접촉형 가게'와 '점원 공간이 넓은 유인형 가

상품 공간과 점원 공간이 넓으면 점원이 세력권을 해제하기 쉽다.

게'의 점원들은 미리 많은 작업들을 해 놓을 수 있다. 이런 가게의 점원들은 손님이 한 명도 없을 때에도 작업 행동, 다시 말해 세력권을 해제하는 행동을 한다. 그렇기 때문에 손님이 경계심을 풀고 다가가기 쉽다. 일단 손님이 오기 시작하면 많은 접객이 전개된다. 그러면 손님은 한층 더 가게에 들어가기가 쉬워진다. 또 작업이 끝나서 점원의 행동이 멈추더라도 가게가 충분히 넓기 때문에 점원은 손님과 떨어진 곳에 서 있으므로 점원의 존재를 신경 쓰지 않아도 된다.

그 결과 '점원 공간이 넓은 접촉형 가게'와 '점원 공간이 넓은 유인형 가게'는 손님의 주문이 있기 전까지는 접객을 하지 않는 낯선 손님 접객 방식을 취하게 되었다. 그리고 '점원 공간이 좁은 접촉형 가게'와 '점원 공간이 좁은 유인형 가게'의 단골 손님 접객 방식에 당황하거나 쇼핑에 불편을 느끼던 손님들 역시 쉽게 다가설 수 있고, 편하게 쇼핑할 수 있는 낯선 손님 접객 방식을 취하는 가게에 강하게 끌리게 된 것이다.

 **초대형 가게의 3공간**

이 가게는 일본 오사카(大阪)의 한신(阪神) 백화점 안에 있는 '타네야'라는 전통 과자점이다. 정면 폭이 약 19m나 되는 초대형 접촉형 가게로, 백화점 내에 있는 가게치고는 매우 큰 편이다. 상품 공간과 점원 공간도 매우 넓다. 하지만 많은 판매 관계자들은 의외로 이 점을 간과하는 경우가 많다. 중후한 느낌이 드는 집기나 인테리어, 상품, 포장에는 신경을 쓰면서도 가게를 3공간으로 파악하는 점원 공간에 대해서는 신경을 쓰지 않는다.

이 가게는 보통 10명 이상의 점원이 점원 공간에 들어가 있지만 해야 할 일이 많기 때문에 상품 공간 바로 옆에 가만히 서서 손님을 기다리는 일은 거의 없다. 또 한가하더라도 점원 공간 안에 있는 포장

아이쇼핑을 하기에 유리한 이 가게의 이미지는 넓은 점원 공간에 의해 생겨난 것이다.

대 뒤에 서 있기 때문에 손님이 점원의 존재를 크게 의식하지 않고 상품을 구경할 수 있다. 상품 공간도 다른 가게의 몇 배에서 몇십 배에 이를 만큼 크다. 또한 넓은 상품 공간에 매우 다양한 상품들이 멋지게 진열되어 있어서 손님들은 이 가게의 상품을 보는 것만으로도 상당히 오랜 시간을 머물게 된다. 그리고 이 가게는 접촉형 가게라서 손님 공간이 특별히 만들어져 있지 않다. 손님이 상품 공간 앞의 통로에 서면 그것이 바로 손님 공간이 되는 것이다.

 ### 대형점이라는 조건이 셀프서비스로 연결된다

대형점에서도 점원이 구경하고 있는 손님에게 다가가 말을 거는 경우가 있다. 그렇다고 해서 바로 가게를 떠나는 손님은 없다. 규모가 워낙 크기 때문에 점원이 말을 걸어오는 것이 신경 쓰여서 다른

점원 공간이 넓은 접촉형 가게는 마음 놓고 구경할 수 있다.

곳으로 간다 해도 이 가게의 다른 물건을 계속해서 볼 수 있기 때문이다. 넓은 상품 공간을 이동하면서 오랜 시간 충분히 물건을 볼 수 있다. 그리고 물건을 사기로 결정한 뒤에는 점원에게 말을 건다. 이 것이 바로 손님이 주문을 한 뒤에 접객을 시작하는 낯선 손님 접객이다. 즉 이 가게는 접촉형이면서도 손님이 셀프 방식으로 쇼핑을 할 수 있다. 특히 손님은 오른쪽에 쌓여 있는 상품 공간에서 자유롭게 상품을 보거나 필요한 것을 고를 수 있다. 한 마디로 이 가게는 손님이 물건을 구입하건 구입하지 않건 매우 편하게 상품을 볼 수 있는, 즉 에너지를 적게 들이고도 쇼핑을 할 수 있다.

 ## 주위 가게의 구조와 접객

이에 반해 주위에 있는 대부분의 가게들은 아래 그림에서처럼 '점

 다른 가게는 점원이 바로 접객해 오기 때문에 구경하기가 어렵다.

원 공간이 좁은 접촉형 가게'의 구조를 취하고 있다. 이런 가게들은 타네야에 비해 점원 공간과 상품 공간이 매우 작다. 이런 가게의 점원은 이동이 불편하기 때문에 가게 안에 가만히 서 있거나 손님이 오자마자 접객을 시작하는, 즉 '손님을 멀어지게 하는 행동'을 하기 쉽다. 그렇기 때문에 아직 물건을 살지 사지 않을지를 확실하게 정하지 않은 손님의 경우에는 자유롭게 가게 안을 둘러보기가 어렵다. 그렇다면 이처럼 초대형 가게인 타네야와 일반 가게가 공존하는 백화점 식품 코너에서 손님은 어떤 행동을 하게 될까?

일본 전통 과자를 보러 오는 손님들 중에 처음부터 물건을 살 가게를 정하고 오는 손님은 많지 않다. 대부분은 일단 여러 가게를 둘러본 다음에 결정하려고 한다. 손님은 적당한 상품을 찾으면서 코너를 둘러보게 되는데, 이때 무의식적으로 다가가기 쉬운 가게로 접근하게 되는 것이다.

타네야는 '손님을 멀어지게 하는 행동'에 의해 멀어진 경쟁 가게의 손님을 끌어 모음으로써 더욱더 많은 손님을 모으는 것이다. 이처럼 손님은 그 장소에서 비용이 조금이라도 덜 드는 쇼핑을 할 수 있는 가게를 선택한다.

 불규칙적인 가게 구조

이 가게는 도쿄(東京) 이케부쿠로(池袋)의 한 백화점 식품 코너에 있는 선물용 센베이 과자점(大倉山莊)이다. 최근에는 그다지 새로울 것도 없는 '튀김 과자'를 판매하고 있으며, 매일매일 수많은 손님이 찾고 있다.

이 가게는 그림에서도 알 수 있듯이 그리 큰 규모는 아니다. 왼쪽에는 다다미를 깔아 놓은 상품 진열대가 있고, 포장된 선물용 상품과 과자 견본이 진열되어 있다. 그리고 기둥 오른쪽에는 상품 진열장과

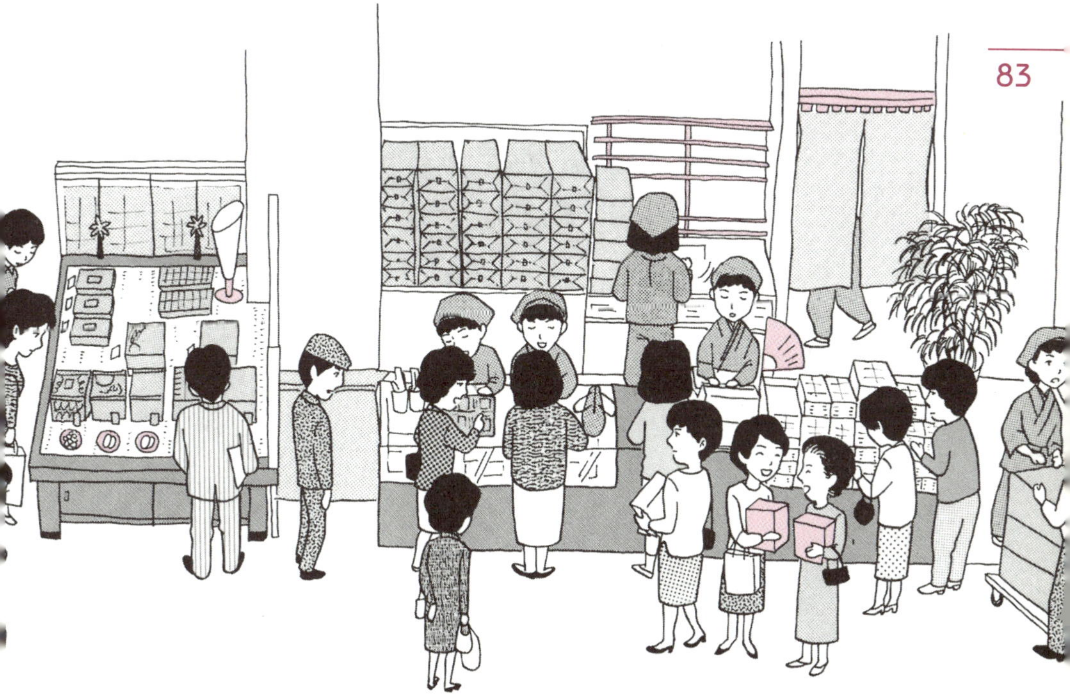

가게 구조는 불규칙하지만 셀프 판매 방식이 많은 손님을 끌어 모으고 있다.

계산대가 있으며 그 오른쪽에는 서비스 팩이 수북이 쌓여 있다.

점원 공간은 상품 진열대와 서비스 팩을 진열한 부분의 뒤쪽이다. 손님이 많아서 점원들은 접객에 바쁘지만 점원 공간은 그다지 넓지 않다. 그리고 천으로 된 칸막이 안쪽으로 물건을 보관하는 장소가 있어서 상품을 대량으로 준비해 둘 수 있다. 그렇다면 이 가게는 어떤 형태의 가게로 분류하면 좋을까?

일단 손님 공간은 없고, 상품 공간은 손님이 통로에서 바로 접촉하는 형태이며 점원 공간도 넓다고 할 수는 없으므로 구조적으로는 '점원 공간이 좁은 접촉형 가게'에 가장 가깝다. 그러나 왼쪽에 있는 다다미의 상품 공간과 오른쪽에 있는 서비스 팩 부분의 상품 공간이 점원의 눈에 띄기 어려운 구조이므로 일반적인 접촉형 가게와는 약간 다르다.

앞에서도 설명했듯이 점원 공간이 좁은 가게의 점원은 손님을 멀어지게 하는 행동을 할 가능성이 높다. 이 가게 역시 잘 안 되는 가게에서 전형적으로 볼 수 있는 구조다. 그런데 어째서 이 가게에는 손님이 몰리는 걸까?

 **손님이 손님을 부른다**

손님이 이 가게에서 가장 먼저 흥미를 느끼는 것은 물건을 사기 위해 계산대 앞에 줄 서 있는 다른 손님들의 모습이다. 이 모습은 다른 손님에게 그 장소가 안전하고 매력적이라는 점을 나타내는 신호로 작용한다. 그런 신호에 이끌려서 가게에 온 손님은 가게 앞에 서서 다른 사람들은 무엇을 사는지, 필요한 물건이 있는지, 괜찮은 물건이 있는지를 찾는다.

어떤 가게든지 손님이 많을 때는 다른 손님을 끌어 모으는 힘이 생겨 계속해서 손님을 불러 모을 수 있다. 그러나 구조가 좋지 않은 가게의 점원은 손님이 적어지면 바로 손님을 멀어지게 하는 행동을 하기 때문에 다시 손님이 없어질 수밖에 없다. 일단 한번 그렇게 되면 좀처럼 손님은 다시 오지 않는다. 반면 구조가 좋은 가게는 손님이 끊기더라도 손님을 불러 모으는 점원의 행동을 유지하기 때문에 곧 다음 손님을 끌어 모을 수 있다.

 아무도 인식하지 못했던 셀프 판매 방식의 가게

그렇다면 이 가게는 어떻게 해서 손님이 손님을 끌어 모으는 힘을 유지하는 걸까?

이 가게의 점원과 손님의 행동을 관찰해 보면 다른 셀프 판매 방식

많은 손님이 물건을 사고 있는 모습에 강하게 이끌린다.

의 가게와 구조가 다르면서도 완전히 셀프 판매 방식을 취하고 있다
는 사실을 알 수 있다. 우선 오른쪽에 있는 서비스 팩을 구입하려는
손님은 점원의 접객을 받지 않고 자유롭게 상품을 골라 계산대 앞에
줄을 서면 된다. 선물용 상품을 구입하려는 손님 역시 점원의 접객을
받지 않고 왼쪽 다다미 상품 진열대에서 충분히 상품을 보고 결정할
수 있다. 또한 가운데에 있는 상품 진열대에는 팸플릿이 준비되어 있
으므로 물건을 구입하려는 손님은 마치 패스트푸드점에서 음식을 고
르듯 주문하면 된다. 이처럼 손님이 많은 가게는 대부분 '낯선 손님
접객'을 한다. 백화점에도 셀프 방식으로 과자를 판매하는 가게가 등
장하고 있다. 앞으로는 지금보다도 더 본격적인 셀프 판매 방식의 가
게가 등장할 것이다.

점원의 시선이 미치지 않는 상품 공간은 매력적이다.

  슈퍼마켓과 편의점이 널리 보급되면서 손님으로서도 셀프 방식으로 물건을 구입하는 방식이 익숙해졌다. 손님들은 차츰 백화점이나 상점가의 과자점에서도 셀프서비스 방식으로 물건을 구입하기를 원했다. 가게 역시 이 점을 알고 가게 안에 어떻게든 셀프 코너를 만들

함께 설치된 셀프 코너는 쇼핑하기에 별로 편하지 않다.

려고 했다. 그 결과 최근에는 백화점 내의 '점원 공간이 좁은 접촉형 가게'에서 진열대의 한 부분에 셀프 코너가 있는 가게를 쉽게 찾아볼 수 있다. 또한 상점가의 과자 가게에서도 셀프 코너를 설치하는 가게가 늘고 있다. 그렇다면 과연 이런 시도가 성공할 수 있을까?

아래 그림은 도로에 접한 과자점으로 '점원 공간이 좁은 유인형 가게'에 셀프 코너를 추가한 것이다. 가게 한가운데에 있는 진열대에는 한 개씩 포장된 상품과, 손님이 상품을 담아서 계산대로 가져갈 수 있도록 예쁜 바구니가 준비되어 있다. 이 가게의 주인은 셀프 코너를 만들어 두면 이제까지 오지 않던 젊은 손님들이 와서 자유롭게 물건을 고르고 사 가지 않을까 생각했을 것이다. 그러나 실제로는 생각대로 되지 않는다. 왜냐하면 이 가게는 셀프 판매 방식에 적합한 구조가 아니라서 낯선 손님 접객이 아닌 단골 손님 접객이 되기 쉽기 때

접객을 받게 되면 셀프 코너의 매력이 줄어든다.

문이다.

이 가게의 경우 셀프 코너를 들이기 전까지는 점원이 가게에 들어온 손님에게 바로 말을 걸어 상품을 파는 판매 방식을 취했다. 이런 구조의 가게는 부분적으로 셀프 코너를 만들어 놓는다고 해도 좁은 공간 안에서 2가지 방식의 접객을 하는 것이 어렵기 때문에 다시 원래대로 단골 손님 접객을 하게 되는 경우가 많다.

한편 손님은 이 가게의 구조와 점원의 모습에서 이 가게는 점원이 바로 접객을 해 올 것이라는 걸 알기 때문에 마음대로 가게 안으로 들어가지 못한다. 들어간다 해도 점원의 존재가 신경 쓰여서 좀처럼 자유롭게 물건을 고를 수 없다.

앞으로는 과자점이 이렇게 애매한 구조가 아닌 본격적인 셀프 판매 방식의 구조로 변화할 것이다.

성공하는 가게의 법칙 ❿
셀프 코너를 설치해 놓고 단골 손님 접객을 하면 손님은 오지 않는다.

가까운 전자제품점을 지나 멀리 있는 대형점으로

예전에는 어느 거리를 걸어도 가전제품을 파는 가게를 쉽게 볼 수 있었다. 형광등이 밝게 켜져 있는 가게 안에 진열된 라디오와 텔레비

주변 가게의 변화를 따라가지 못하면 차츰 존재감이 소멸되어 간다.

전, 냉장고, 세탁기 등은 사람들의 눈을 끌기에 충분했다. 텔레비전에서는 끊임없이 광고가 흘러나왔고, 많은 사람들은 이에 큰 관심과 흥미를 보였다. 다시 말해 전자제품을 파는 가게는 거리의 화려함 그 자체였다. 그러나 언제부터인가 거리의 전자제품점들이 눈에 띄지 않았다. 가게들이 문을 닫아서 눈에 띄지 않은 것이 아니라 새로 생긴 가게들 사이에서 그 존재가 흐려진 것이었다.

많은 손님을 끌던 전자제품의 상품 파워가 떨어지면서 전자제품점의 매력도 떨어졌다. 지금까지는 가게의 구조가 별로 좋지 않고 점원의 접객 태도에도 문제가 있었지만 상품의 매력이 모든 것을 보완해 주었다. 그러나 차츰 비좁은 가게 규모와 대형점에 비해 월등히 적은 상품으로는 손님을 끌 수 있는 파워를 발휘하기가 어려워졌다. 예전에는 그나마 상품의 파워가 강했기 때문에 존재할 수 있었지만 다른 환경에 손님들의 관심이 옮겨졌을 때는 이미 전자제품점을 둘러싼 환경이 완전히 변해 있었던 것이다. 이렇게 전자제품점에도 변화가 찾아왔다.

성공하는 가게의 법칙 ⑪
상품의 매력이 모든 것을 보완해 주는 시대는 끝났다. 시대의 변화를 따르지 못하면 쇠퇴하고 만다.

개장 후 손님이 더 줄어든 가게

 **개장(改裝) 효과를 보지 못한 전자제품점**

한때 완전히 낡아빠진 전자제품점들이 연달아 매장을 새로 단장한 때가 있었다. 아래 그림은 개장한 가게의 전형적인 예다. 이런 가게는 대부분 '점원 공간이 있는 유인·회유형' 가게다. 그러나 점원 공간이 있다고 해도 규모가 작고 찾아오는 손님 수가 적기 때문에 점원이 손님 공간에 나와 세력권 주장을 할 가능성이 높다.

일반적으로 새로 개장한 가게는 인테리어가 산뜻하고 앞이 탁 트여 있는데, 이것은 유인·회유형 가게의 구조로는 별로 좋지 않다. 상품의 양이 적기 때문에 손님이 둘러보는 통로의 기능이 낮고, 점원의 시선을 피할 수 없기 때문에 구경만 하려는 손님의 경우에는 들어

 가게를 개장하고도 접객 방식을 바꾸지 않으면 손님은 오지 않는다.

가기가 어렵기 때문이다. 또한 상품의 양도 적어서 가게 안을 자유롭게 둘러보아도 된다는 접근 안전 신호도 충분하지 않다. 손님이 모처럼 들어오더라도 금세 상품을 다 봐 버린다. 이처럼 가게 안에 손님이 머무는 시간이 짧다 보니 손님이 손님을 불러들이는 파워가 약해 가게는 언제나 한산하다. 또한 이 가게는 밖에서 가게 안의 모습과 점원이 잘 보이기 때문에 그만큼 점원의 동작이 어렵다. 이런 가게에서 세력권 해제 행동을 할 수 있는 사람은 노련하고 능숙한 점원뿐이다. 그래서 지금까지 상품의 파워에 의지하던 주인이나 점원은 갑작스러운 접객 기술로 인해 혼란에 빠질 수도 있다.

 개장을 하지 않아도 잘되는 전자제품점

일반적으로 개장을 하지 않은 가게는 개장을 한 가게에 비해 불리

○ 개장을 하지 않아도 구조가 좋은 가게는 손님이 끊이지 않는다.

하지만 개장을 하지 않아도 여전히 잘되는 가게가 있다. 93페이지의 가게가 그 예다. 이 가게는 앞에 있는 가게와 규모는 거의 비슷하지만 구조는 '점원 공간이 있는 접촉·유인·회유형'이다. 가게 앞에는 접촉형의 상품 공간이 마련되어 있으며 정면은 전면 개방되어 있다.

이 가게의 특징은 상품의 양이 매우 많다는 것이다. 가게의 규모는 그다지 크지 않지만 가게 안을 꽉 채우고 있는 많은 상품이 손님들에게 천천히 둘러보아도 된다는 강한 접근 안전 신호를 보내고 있다. 그래서 어떤 손님도 부담 없이 들어갈 수 있으며, 밖에서도 가게 안의 손님이 보이기 때문에 손님이 손님을 부르는 파워가 강하다.

일반적으로 손님의 출입이 많아지면 점원의 작업량이 늘어나 빨리 접객을 해 오는 일이 줄어든다. 그러면 자연히 점원의 세력권은 해제된다. 이런 가게는 손님을 불러들이기가 쉽기 때문에 고도의 접객 기술이 요구되지 않는다. 단, 상품을 진열하는 시간이 오래 걸리고 점원이 늘 추위와 더위를 참아야 한다는 문제가 있다. 또한 상품이 밖에 있기 때문에 통행량이 적은 장소에서는 팔리기도 전에 상품의 질이 저하될 가능성도 있다. 이런 가게는 굳이 개장을 하지 않아도 물건이 잘 팔린다.

 가게의 규모와 손님의 비용 관계

지금은 전자제품점도 대형점 시대다. 전국 각지에 대형 전자제품점이 진출하면서 상점가의 가게들은 큰 타격을 입었다. 그 결과 소형점들은 노력에도 불구하고 많은 손님을 대형점에 빼앗기고 말았다. 그렇다면 왜 대형점이 유리할까?

이를 '손님은 에너지 최소 비용을 목표로 한다' 는 행동 관점에서 알아보도록 하자.

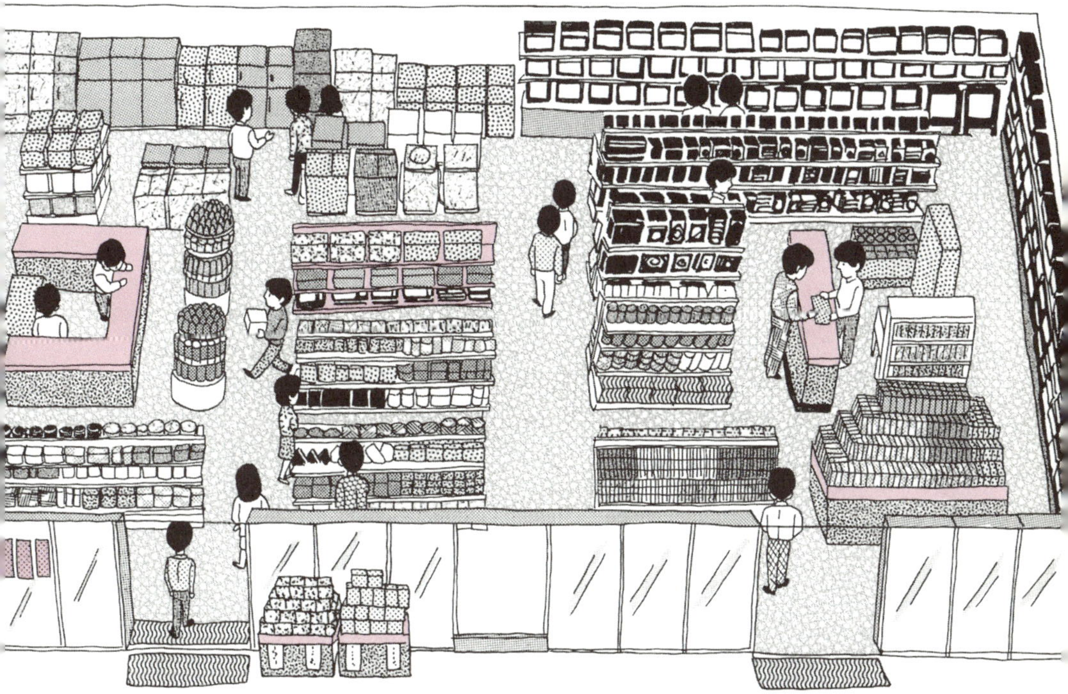

가게 규모가 크다는 것만으로도 3공간 기능을 발휘하기 쉽다.

상식적으로도 가게가 크면 클수록 점원의 세력권이 해제되기 쉽다는 것을 알 수 있을 것이다. 규모가 작은 가게에서는 점원이 가게에 서 있는 것만으로도 가게 전체가 점원의 세력권에 점령되고 만다. 반면 대형점에서는 점원이 세력권을 주장하는 행동을 해도 가게 전체를 점령하기가 불가능하다. 이런 이유로 손님으로서는 점원의 질이 다소 떨어지더라도 소형점보다는 대형점에 들어가는 것이 훨씬 쉽다고 느끼는 것이다.

한마디로 '들어가기 쉽다' 는 것은 '상대의 세력권으로 들어가기 쉽다' 는 뜻이다. 또한 대형점은 상품의 종류와 양이 풍부하기 때문에 마음대로 가게 안을 둘러보아도 상관없다는 강력한 접근 안전 신호를 받을 수 있다.

이처럼 대형점에서는 손님의 에너지 손실이 적다. 가게 안으로 들어가는 데 에너지가 덜 소모되기 때문에 손님은 특별히 살 마음이 없어도 편한 마음으로 구경하러 간다는 마음으로 대형점을 방문할 수 있다.

 대형점의 3공간 설계

대형점이 처음 등장했을 때의 모습은 오른쪽 그림과 같았다. 그러던 것이 시간이 지나면서 더욱 대형화되어 가게 앞에 접촉형의 상품 공간을 따로 마련하지 않고, 가게 안에 몇 군데의 계산대를 둔, 즉 '점원 공간이 있는 유인 · 회유형' 가게가 되었다.

가게 안의 상품 공간을 자세히 보면 손님 스스로 물건을 자유롭게 선택할 수 있는 소품 코너와 점원의 설명을 필요로 하는 가전제품 코너, 오디오 등을 파는 코너로 나누어져 있는 것을 알 수 있다. 손님은 자유롭게 고를 수 있는 소품은 스스로 골라 계산대로 가지고 가서 계산을 하고, 좀 더 복잡한 제품의 경우에는 가까운 곳에 있는 점원에게 설명을 듣고 구입하는 방식을 취한다.

 대형점이 손님을 끌어 모을 때

대형점은 규모와 구조, 양적인 측면에서 점원의 세력권이 해제되기 쉽기 때문에 일반적으로 많은 손님을 불러 모을 수 있다. 이런 유형의 가게 안에 손님이 다른 손님을 불러들이는 파워가 생기는 것은 당연하며, 손님 수가 증가함에 따라 점원의 행동도 늘어난다. 점원은 상담을 요청해 온 손님을 접객하는 일과 여러 작업에 쫓기기 때문에 가까이 온 손님을 일일이 접객할 여유가 없다. 이것이 바로 대형점이 많은 손님을 불러 모으는 원인이다.

97

대형점은 찾아오는 손님이 많기 때문에 점원이 자연스럽게 세력권 해제 행동을 한다.

대형점이 손님을 멀어지게 할 때

 이처럼 구조적인 면에서 보면 분명 대형점이 소형점에 비해 유리하긴 하지만 점원의 행동에 따라서는 대형점도 손님을 멀어지게 하는 일이 있다. 이는 주로 구식 접객 교육과 점원 간의 매상 경쟁에서 일어난다.

 예전에는 손님 수가 적은 시간대에 손님이 가게 안으로 들어오면 몇 명의 점원이 일제히 "어서 오세요."라고 큰 소리로 반갑게 인사를 하거나 점원이 담당 코너 앞에 가만히 서서 손님을 기다리는 전형적인 단골 손님 접객 방식을 취했다. 과거에는 이것이 당연시되던 점원 교육 방식이었다. 당시에는 점원의 세력권 주장 행동을 느끼면 손님은 불편함을 느껴 슬그머니 그 장소를 피한다는 사실을 알지 못했다. 그랬기 때문에 점원들은 그러한 접객 방식을 계속해서 유지해 나간

대형점이라고 해도 단골 손님 접객을 하면 손님은 불편함을 느낀다.

것이다.

또한 대형 전자제품점에는 각 제조사에서 파견된 '도우미'라고 불리는 점원들이 나와서 자사 제품을 한 대라도 더 팔기 위해 치열한 판매 경쟁을 벌이기도 했다. 가장 먼저 말을 건 점원이 손님과 교섭권을 갖는다고 생각했기 때문에 조금이라도 더 빨리 손님을 잡기 위해 좋은 위치에 서서 손님이 오기만을 기다린 것이다. 그로 인해 손님은 에너지를 많이 소모해야 하는 불편함을 느꼈을 뿐만 아니라 점원의 권유에 이러지도 못하고 저러지도 못하는 매우 난처한 상황에 처하는 경우가 많았다.

이처럼 넓은 3공간을 갖춘 대형점이라 해도 점원의 행동에 따라 손님이 자유롭게 가게 안을 둘러보지 못하거나 상품을 볼 수 없게 되어 버리는 경우도 있다. 다행히 그 뒤로 대형 매장 간의 경쟁이 더욱 치열해지면서 손님이 자유롭게 둘러볼 수 있는 가게로 변화했다.

성공하는 가게의 법칙 ⑫
점원의 세력권 주장 행동이 느껴지면 손님은 불편함을 느낀다.

 대형 할인점의 등장

얼마 지나지 않아 전자제품점은 더욱 대형화되었다. 그러면서 대규모 매장에서 다량의 상품을 매우 싼 가격에 판매하는 대형 할인점이 교외의 쇼핑 센터나 길가에 잇따라 등장했다. 교통망이 정비되고 자동차가 일반인에게까지 보급되면서 사람들은 전자제품은 조금 먼 곳까지 가서 사더라도 조금 싸게 사는 것을 당연한 것으로 여겼다.

점점 어려워진 동네 전자제품점에서는 이에 대응하기 위해 할인점과 같은 가격으로 물건을 판매하거나 진심 어린 접객, 충실한 애프터서비스로 손님들의 관심을 끌려고 노력했다. 하지만 한번 멀어진 손님을 다시 끌어들일 수는 없었다. 그렇다면 할인점은 어떻게 멀리서

값이 싸다는 것은 할인점의 큰 매력 가운데 하나다.

도 그렇게 많은 손님들을 불러들일 수 있었을까?

 가게의 특징을 바꾼 할인점

할인점은 지금까지의 상점가의 전자제품점과 상점가 근처에 있는 대형 전자제품점들과는 전혀 다른 특징을 갖고 있다. 그것은 점원이 가능하면 설명을 하지 않는 판매 방식을 취한다는 것이다. 할인점에서는 상품을 보다 싸게 판매하기 위해 여러 가지 경비를 줄이는 방법을 연구한다. 그중 하나가 가능한 한 점원을 조금 배치하여 영업할 수 있는 가게 형태나 판매 방식을 연구하는 것이다. 어떤 매장에서는 점원 수를 줄이기 위해 전화 문의를 전혀 받지 않기도 한다. 또한 셀프 방식으로 운영하기 위해 대부분 '점원 공간이 있는 유인 · 회유형' 구조를 취한다. 점원은 대부분의 시간을 계산대에 있는 점원 공

값이 싸면서도 쇼핑하기 편하기 때문에 많은 손님을 끌어들일 수 있다.

간에서 보내기 때문에 손님 공간으로 나와 손님을 기다리는 일은 거의 없다. 이들이 손님 공간으로 나오는 것은 상품 상태를 점검하거나 상품을 보충하는 등 꼭 해야 할 일이 있을 때뿐이다. 이와 같은 점원의 행동 자체가 '손님을 끌어들이는 행동'이다. 이런 가게에는 재고도 충분하다. 또한 점원에게 일일이 묻지 않아도 가격이나 상품의 특성을 알 수 있도록 제품의 가격과 특성이 라벨에 표시되어 있다.

한편 손님은 점원이 접객 행동을 해 오지 않기 때문에 여유를 갖고 오랫동안 가게 안을 둘러보며 상품을 살펴볼 수 있다. 바로 이 점 때문에 대형 할인점은 손님이 손님을 불러모으는 파워가 생기기 쉽고, 손님이 들어가기 쉬운 가게가 된다.

여기서 재미있는 것은 비용 삭감을 위한 발상이 실제로는 손님의 에너지 비용 삭감으로 연결되었다는 점이다. 많은 손님들이 할인점에 매력을 느낀 것은 단순히 가격이 싸기 때문만이 아니라 점원의 세력권이 해제된 가게에 들어가기 쉽고 부담 없이 쇼핑을 할 수 있었기 때문이다.

성공하는 가게의 법칙 ⑬
점원의 세력권이 해제되면 손님이 부담 없이 들어갈 수 있다.

접객 중심에서 셀프 판매 방식으로의 변화

상점가 화장품 가게의 변천

 단골 손님을 대상으로 한 가게 구조

전국의 상점가가 많은 손님으로 붐비던 때는 대부분의 화장품 가게가 단골 손님을 대상으로 단골 손님 접객을 했다. 가게 역시 단골

물건을 사지 않을 손님은 단골 손님 접객을 하는 가게에 들어가기가 어려웠다. 

손님 접객을 하기에 유리한 구조로 되어 있었다. 전형적인 '점원 공간이 좁은 유인형 가게' 또는 이것이 변형된 형태였던 것이다. 또한 하나의 가게에 몇 개의 화장품 업체가 입점해 있었고, 그 안에는 각 업체에서 파견한 미용 담당자들이 배치되어 있으면서 판매를 담당했다.

앞의 그림의 경우, 가게 안에 4개의 상품 진열대가 있고, 각 진열대 뒤에서는 각 회사의 담당자가 자사의 물건을 판매하고 있다. 이들은 물건을 하나라도 더 팔기 위해 서로 경쟁하고 있기 때문에 치열한 단골 손님 접객을 한다. 이 때문에 손님들은 마음에 들지 않더라도 어쩔 수 없이 개중에 가장 친한 점원과 관계를 유지하며 물건을 사야 한다. 그렇다 보니 판매에 능숙한 점원이 있는 가게가 당연히 매상도 높을 수밖에 없다.

 개장 후 오히려 물건을 사기가 더 불편해진 가게

화장품 가게는 항상 인기 상품을 취급하기 때문에 상품의 힘에 의존하는 경우가 많다. 그러나 지금까지는 가게 그 자체를 바꾸려는 노력이 거의 없었다. 하지만 요즈음에는 차츰 유행을 타는 가게로 변신하려는 시도가 이어지고 있다.

오른쪽 그림은 103페이지에 있는 가게를 개장한 예다. 점원 앞에 있던 상품 진열대가 없어지고 '점원 공간이 없는 접촉 · 유인 · 회유형 가게' 구조로 바뀌었다. 점원 공간이 없어졌기 때문에 점원은 손님 공간에서 손님을 기다려야 한다. 그런데 문제는 지금까지 점원 공간에 들어가 있어서 약했던 점원의 세력권 주장이 점원의 세력권이 넓어짐과 동시에 오히려 손님이 들어가기 어려운 가게로 변해 버렸다는 것이다.

그 결과 손님의 수는 점점 줄어들어 점원들은 한가해졌고, 점원들은 가게를 찾는 적은 수의 손님에게 점점 심하게 단골 손님 접객을 하는 악순환에 빠지고 말았다. 또 점원이 있어야 할 장소가 확실히 구분되어 있지 않은 탓에 점원도 안정을 찾지 못하는 이상한 가게가 되어 버렸다.

개장을 했지만 점원의 세력권 주장이 표면화되어 들어가기가 더 어려워졌다. 

　이보다 더 부티크 형태로 개장된 예가 아래에 있는 가게다. 이 가게는 '점원 공간이 없는 유인 · 회유형 가게' 구조로, 오른쪽 안에 테이블과 의자가 놓여 있긴 하지만 이곳은 손님이 상담을 하기 위한 공간이지 점원 공간은 아니다. 게다가 규모가 작아서 점원이 한 명밖에 없지만 점원이 손님 공간에 서서 가만히 손님을 기다리고 있기 때문에 손님이 가게 안으로 들어가기가 매우 어렵다.

　일반적으로 가게 주인이나 디자이너는 이런 구조로 가게를 개장하

 점원이 편안한 가게는 손님에게는 편하지 않다.

면 손님이 편안히 쉬면서 화장품을 고르거나 피부 손질 등을 하고 상담을 받을 수 있을 거라 생각한다. 그러나 이런 가게 구조는 점원이 손님에게 적극적으로 접객을 해 올 것이라는 메시지를 강하게 전달한다. 그러면 손님은 점원과 대화를 해야 한다는 부담을 느껴 좀처럼 가게 안으로 들어가지 못한다.

가게 주인이나 디자이너는 오래된 가게를 개장할 때는 반드시 이전의 이미지에서 탈피하여 완전히 새롭게 고치려고 한다. 그래서 가게의 분위기나 새로운 판매 방식의 도입 등 여러 가지 계획을 세운다. 그러나 아무리 새 가게로 개장하더라도 점원의 행동을 충분히 검토하지 않으면 오히려 손님을 멀어지게 하는 결과를 낳을 수도 있다는 사실을 알아야 한다.

 점원 공간이 없으면 손님을 멀어지게 하는 행동이 나타나기 쉽다. 

낯선 손님 접객을 하는 가게가 손님을 끌어들인다

대형점과 쇼핑 센터 등에 화장품 셀프 판매대가 등장하자 손님들은 이런 방식에 강한 매력을 느꼈다. 이런 할인점은 '점원 공간이 있는 유인·회유형 가게' 또는 '점원 공간이 있는 접촉·유인·회유형 가게'로, 대부분 셀프 방식으로 물건을 판매했다. 접객을 받아야만

손님이 손님을 불러들이는 힘을 발휘하여 들어가기 쉽다는 인상을 준다.

살 수 있던 유명 화장품을 마음대로 싸게 살 수 있게 되자 많은 손님들이 몰려들었다.

비록 대면(對面) 판매나 정가 판매 등을 하지 않는다는 이유로 많은 제조업체가 이런 가게에 상품을 공급하려 하지 않아 소송이 제기되는 등 문제가 발생하기도 했지만 그 과정 속에서 접객을 해야만 팔 수 있다고 믿었던 화장품도 점차 셀프서비스 판매 방식으로 바뀌어 갔다.

이런 변화는 상점가의 화장품 가게의 구조에도 커다란 변화를 가져왔다. 그러면서 차츰 '점원 공간이 있는 유인 · 회유형 가게' 또는 '점원 공간이 있는 접촉 · 유인 · 회유형 가게' 구조로 모습을 바꿔갔다. 왼쪽 그림은 '점원 공간이 있는 '접촉 · 유인 · 회유형 가게'의 예다. 앞쪽에는 잡화와 헤어 용품이 진열되어 있고, 가게 안에는 많

손님은 계산하기 전까지 접객을 받고 싶어 하지 않는다.

은 물건과 함께 손님이 자유롭게 테스트해 볼 수 있는 코너가 있다. 점원은 대개 점원 공간에 있으면서 손님이 사려는 물건을 가지고 오거나 상담을 해 올 경우에만 대응한다. 이런 유형의 가게에서는 손님이 자유롭게 가게 안을 돌아보며 상품을 구경하고 테스트할 수 있으며 사고 싶은 물건이 없을 때는 그냥 가게 밖으로 나가면 된다.

지금까지 단골 손님을 대상으로 단골 손님 접객을 해 온 가게의 점원들은 아직도 낯선 손님 접객에 강한 거부감을 느낀다. 하지만 손님들이 원하는 것은 낯선 손님 접객을 하는 가게에서 자유롭게 상품을 보고 고르는 것이다.

성공하는 가게의 법칙 ⑬
손님들은 낯선 손님 접객을 하는 가게에 편안함을 느낀다.

백화점 안에 있는 화장품 가게의 변천

 ## 무섭게 느껴졌던 화장품 가게

한때는 백화점에 있는 여러 매장 가운데 화장품 코너가 손님들이 가장 무서워하는 가게라는 말이 있을 정도로 화장품 코너는 손님들이 쉽게 다가가기 어려웠다. 심지어 그냥 지나가는 손님에게 통로에 서 있는 점원이 집요하게 접객을 하여 문제가 되었던 적도 있다.

그 후 점원이 통로에 나와 손님을 억지로 붙잡는 경우는 거의 없어졌지만 그래도 여성 손님들이 자유롭게 둘러볼 수 없는 공간이라는

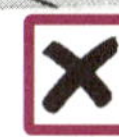

사방에서 해 오는 단골 손님 접객이 손님을 불안하게 한다.

점에는 변함이 없었다. 그 이유는 매장의 구조와 점원의 접객 방식에 있었다.

예전의 백화점 화장품 코너는 대개 '점원 공간이 좁은 접촉형 가게'의 구조였다. 간신히 진열장이 한두 개 들어갈 정도의 좁은 공간에 점원이 겨우 그 뒤에 서 있을 수 있는 공간이 전부였다. 전형적으로 '손님을 멀어지게 하는 점원의 행동'이 나타나기 쉬운 구조였던 것이다. 또한 단골 손님 접객이 당연시되었던 터라 각 업체에서 파견한 미용 담당자들 간에 경쟁이 심해 상황은 더욱 좋지 않았다.

그렇다 보니 백화점 화장품 코너의 매상은 요즘처럼 높지 않았다. 과거의 화장품 판매 관계자들은 백화점의 화장품 코너는 단순히 진열장에 지나지 않는다고 생각했기 때문에 화장품은 자기가 살고 있는 동네 상점가의 단골 가게에서 사는 것이라고 믿었다.

 ## 점원 공간이 넓은 화장품 가게의 등장

그런데 1980년을 정점으로 백화점의 화장품 매장이 크게 바뀌기 시작했다. 혜성처럼 등장한 '점원 공간이 넓은 접촉형 매장'이 많은 손님의 이목을 끈 것이다.

오른쪽에 나오는 그림은 '클리니크(Clinique)'라는 화장품 매장의 모습이다. 처음 이 매장이 생겼을 때는 다른 매장의 4~5배 정도로, 화장품 매장치고는 상당히 규모가 컸다. 다른 매장의 점원들은 클리니크가 잘되는 비결이 다른 매장과 차별되는 상품 구성에 있다고 생각했다. 그래서 매장 구조에는 거의 신경을 쓰지 않고 이 매장과 비슷한 상품을 가져다가 판매했다. 그러나 상품만을 바꾼 매장에서는 생각만큼 매상이 오르지 않았다.

　클리니크의 경우 점원 공간이 넓기 때문에 점원의 행동이 많이 일어나기 쉽고, 상품 공간에서 점원의 세력권이 해제되기 쉬운 조건을 갖추고 있다. 다른 매장의 점원은 손님이 조금이라도 진열장 가까이 오면 적극적으로 접객을 하지만 이 매장의 점원은 거의 접객을 하지 않는다. 다시 말해 다른 매장의 점원은 모두 단골 손님 접객을 했지만 클리니크만은 낯선 손님 접객을 한 것이다.

낯선 손님 접객을 하는 가게의 등장은 손님들의 관심을 끌었다.

이것은 당시로서는 상당히 획기적인 판매 방식의 전환이었다. 손님들은 백화점에 있는 여러 매장들 가운데서도 특히 이 화장품 매장에 관심을 보였다. 그 결과 클리니크는 굉장히 높은 매상을 올렸고, 화장품은 백화점에서 사야만 한다는 손님들의 고정관념까지 완전히 바꾸어 놓을 수 있었다.

 셀프 매장의 변화

그 후 백화점 화장품 코너에 점점 규모가 큰 매장들이 생겨났다. 초기에는 단순히 '점원 공간이 넓은 접촉형 가게'가 대부분이었지만 차츰 규모뿐만 아니라 셀프 코너를 함께 갖춘 매장들이 들어섰다.

일반적으로 셀프 코너의 상품만큼은 점원의 접객을 받지 않고 자유롭게 살펴보거나 테스트할 수 있다. 그러나 셀프 코너가 너무 작으

○ 셀프 코너는 다른 손님이 없어도 부담 없이 구경할 수 있다.

면 경계심이 생겨 쉽게 다가갈 수 없다. 셀프 판매를 하지 않던 매장에서 접촉형 매장에 셀프 코너를 설치했을 때 매상이 오르지 않는 것도 이 때문이다.

그런데 이런 상황의 화장품 코너에 드디어 본격적인 셀프 매장이 등장하기 시작한 것이다. 아래 그림은 도쿄 신주쿠 이세탄(伊勢丹) 백화점 본점에 있는 오리진스(Origins) 매장이다. 구조가 상당히 복잡해 보이지만 '점원 공간이 있는 접촉 · 유인 · 회유형' 가게다. 매장 가운데에 점원 공간이 있고, 점원은 그곳에 서서 사고 싶은 물건을 가지

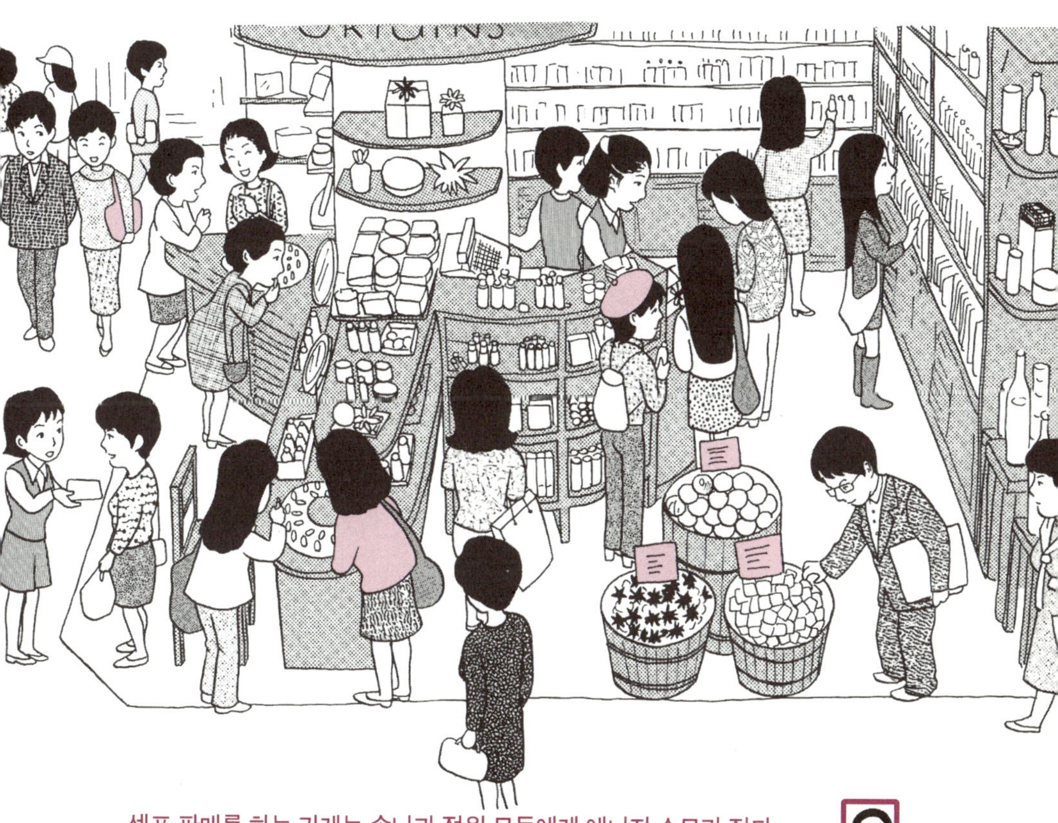

셀프 판매를 하는 가게는 손님과 점원 모두에게 에너지 소모가 적다.

고 온 손님을 접객한다. 손님은 가게 안의 상품을 자유롭게 돌아보거나 왼쪽에 있는 테스트 코너에서 다양한 종류의 화장품을 테스트해 볼 수 있다. 물론 테스트만 해 보고 아무것도 사지 않는다고 해서 비난을 받는 경우는 없다. 이 매장에는 주로 지금까지 백화점 화장품 코너를 이용해 본 적이 없는 다양한 손님들이 찾아온다. 무섭게만 여겨졌던 백화점 화장품 매장이 이렇게 바뀐 것이다.

일반적으로 매장이 셀프화되면 적은 수의 점원으로도 운영이 가능하고 사지 않을 손님에게는 접객을 하지 않아도 된다. 또한 매장 내에 손님이 없을 때는 점원이 대체로 자유롭다는 이점이 있다. 그뿐만 아니라 셀프화는 손님에게도 유리하다. 일단 점원의 접객을 받지 않기 때문에 부담 없이 마음대로 상품을 구경할 수 있다. 또 마음에 드는 것을 찾을 때까지 살펴보다가 점원의 설명이 필요할 때만 접객을 받으면 된다. 그리고 계산할 때만 인간관계를 맺으면 된다는 이점이 있다. 이것은 본래 손님이 바라던 점이기도 하다. 이처럼 점원의 입장에서 에너지가 가장 적게 소모되는 가게는 손님의 입장에서도 에너지 소모를 최소화할 수 있다.

 **아픈 손님이 많던 가게**

과거의 약국은 몸이 아플 때만 찾아가는 곳이었다. 약이라는 상품은 몸이 아플 때 점원과의 상담을 통해 사는 것으로, 건강한 손님은 마음대로 선택해서 살 수 없는 것이라는 생각이 일반적이었기 때문이다. 손님은 이런 가게의 점원을 대개 '선생님'이라고 불렀고, 점원이 손님의 병이나 건강에 대해 상담을 해 주는 것이 당연하다고 생각

아플 때는 들어갈 수 있지만 그렇지 않을 때는 들어가기 어려운 가게 

했다.

　때로는 병의 상태나 사고 싶은 상품을 알리고 싶지 않을 때도 있었지만 약국이 많지 않았을 때는 어쩔 수 없었다. 그러나 약국 수가 점점 증가하면서 손님은 얼굴을 알고 지내는 근처의 약국에서 상품(약)을 사는 것을 불편하게 느끼기 시작했다.

　가게가 늘었다고는 해도 단골 손님 접객을 하는 가게가 대부분이었기 때문에 손님은 용도에 따라 약국을 구분해 가며 상품을 샀다. 즉 근처에 있는 약국에서는 비타민이나 소화제, 진통제처럼 굳이 상담이 필요 없는 것을 사고, 상담하기가 곤란하거나 알리고 싶지 않은 상품은 알고 지내는 점원이 없는 멀리 있는 약국에서 구입했다.

　이처럼 약국은 손님들에게 매우 들어가기 어려운 곳으로 인식되어 상품이나 판매 특성 면에서 다른 가게와 비교하여 구조나 접객이 상

 잘 알고 지내는 점원에게 구입하기 곤란한 상품도 있다.

당히 뒤처질 수밖에 없었다.

시대가 변하면서 셀프 판매 방식을 도입한 가게와 쇼핑 센터가 많이 들어섰지만 유독 약국만큼은 셀프화되지 않았다. 이는 굳이 셀프 판매를 하지 않아도 점원이 편안하게 서 있거나 휴식을 취할 수 있었기 때문이다. 즉 점원의 입장에서는 그 이상의 에너지 비용을 줄일 필요가 없었던 것이다. 바로 이 점이 약국이 셀프화되지 않았던 커다란 이유 가운데 하나다.

그러나 점원에게는 에너지 소모가 적은 가게일지 몰라도 셀프 판매 방식에 익숙한 손님의 입장에서는 상당히 에너지 소모가 많은 공간이었던 것이다. 에너지 소모가 적은 약국을 만들지 않는 한 아픈 손님이건 건강한 손님이건 많은 손님을 끌어들이기는 불가능하다.

 건강한 손님을 끌어들이는 약국 간의 경쟁

많은 젊은이들로 북적대는 도쿄 시부야(澁谷) 역 근처에는 약국들이 많다. 이곳에서는 매일매일 치열한 판매 경쟁이 벌어지고 있다. 이곳에 있는 대부분의 가게는 기본적으로 건강한 손님을 대상으로 물건을 판매하고 있는데, 그중에서도 유난히 손님이 몰리는 가게가 있다.

최근의 약국들은 감기약이나 위장약은 물론 비타민제, 다이어트 식품, 한약, 헤어용품, 각종 잡화에 이르기까지 다양한 상품을 팔고 있다. 그러나 같은 지역에서 같은 상품을 판매해도 손님의 수나 매상에 차이가 난다는 것은 판매 관계자라면 누구나 알고 있을 것이다. 그 이유에 대해 사람들은 일반적으로 가게의 역사나 전통, 광고나 판촉, 점원의 접객 기술이나 의욕에 차이가 있기 때문이라고 생각한다.

여기서는 '사람의 행동'이라는 관점에서 이들 가게를 관찰하고 분석할 것이다. 즉 가게마다의 구조와 그 구조에서 생기는 점원의 행동을 관찰하여 이들 가게에 손님이 몰리는 수에 차이가 나는 이유를 살펴볼 것이다.

가장 먼저 '마츠모토키요시'라는 약국의 구조와 접객에 대해 살펴보자. 이 근처에 있는 많은 약국들 가운데 가장 손님이 많은 가게가 바로 이곳이다. 이 약국은 전국적으로 많은 체인점을 가지고 있고 TV 광고도 많이 하기 때문에 인지도도 높다. 그러나 단순히 유명하기 때문에 이 가게가 잘된다고 생각하면 오산이다. 실제로 물건을 사려는 손님 가운데 가게 이름을 확인하고 가게에 들어가는 경우는 거의 없

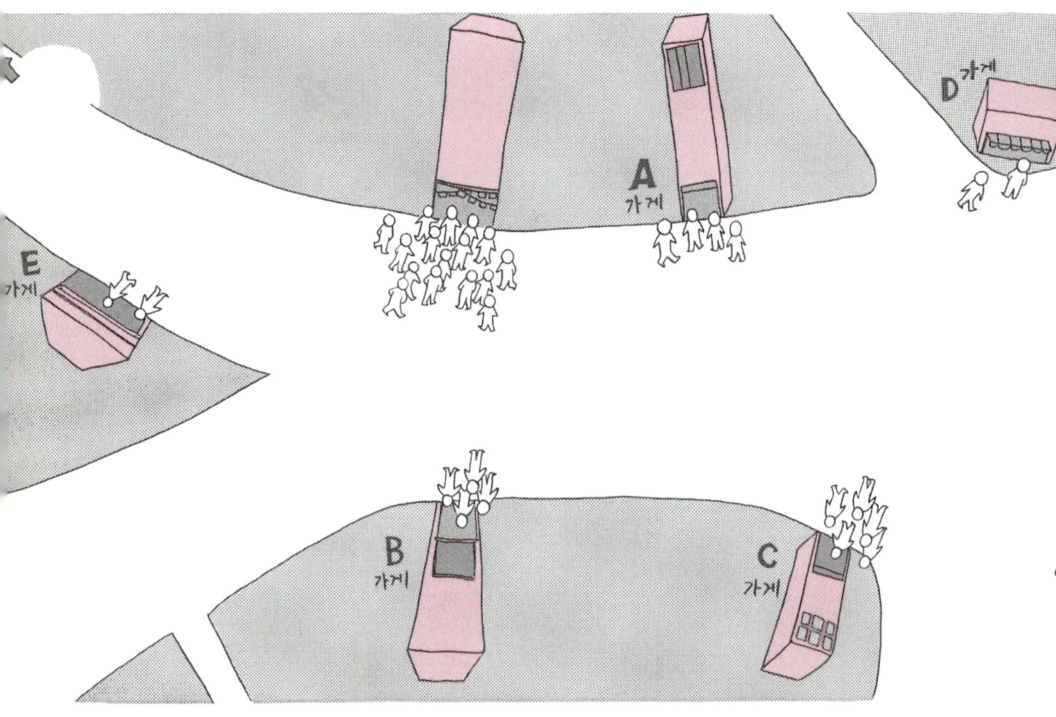

같은 상품을 같은 조건에서 판매해도 손님들은 그 차이를 느낀다.

다. 심지어 자기가 자주 가는 단골 가게의 정확한 상호를 모르는 손님도 많다.

이 가게는 전형적인 '점원 공간이 있는 접촉·유인·회유형 가게'다. 가게의 오른쪽 가운데에 상품 진열대를 놓은 점원 공간이 있고, 그곳에서 5~6명의 점원이 계산과 포장 작업을 하고 있다. 입구의 상품 공간에도 많은 상품(주로 헤어용품과 잡화)이 진열되어 있어서 그

○ 통행객이 많으면 많은 손님을 불러들인다.

앞을 지나다니는 손님들의 관심을 끈다. 매장 한가운데에도 상품 공간을 배치하여 손님이 가게 안을 돌아보기 편하게 해 놓았다. 또한 낯선 손님 접객 방식을 취하고 있어서 계산대의 점원은 가게 안을 돌아보고 있는 손님에게는 말을 걸지 않는다. 점원이 손님 공간으로 나오더라도 상품을 정리하고 보충하는 등 바쁘게 일을 하고 있기 때문에 접객 행동은 하지 않는다. 손님은 가게 안을 자유롭게 둘러보고,

손님이 북적대는 통로는 아이 쇼핑만 하는 손님이라도 마음껏 둘러볼 수 있다.

원하는 물건이 있으면 계산대로 가지고 가서 계산을 하면 된다. 상품 진열대나 점원의 뒤쪽에도 여러 가지 약이 놓여 있지만 여기서도 점원은 손님이 주문을 한 다음에야 접객을 시작한다. 이 가게는 점원이 손님에게 접근해 오지 않을 거라는 안전 신호를 줌으로써 많은 손님들을 불러들이고 있는 것이다.

그렇다면 마츠모토키요시와 경쟁 관계에 있는 다른 가게들은 어떨까? 아래 그림은 마츠모토키요시의 매장 구조를 위에서 내려다본 것

마츠모토키요시

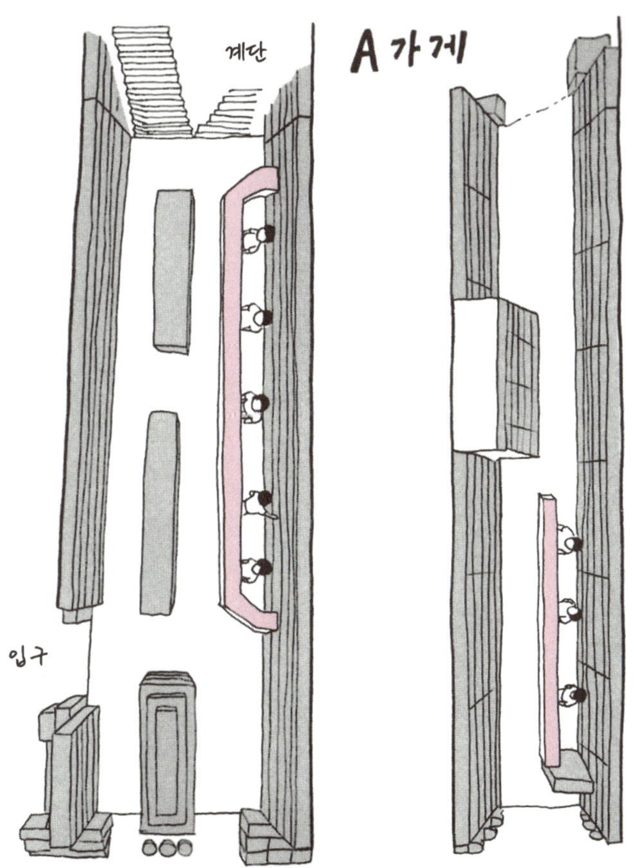

이다. 이미 설명했듯이 완전한 '점원 공간이 있는 접촉·유인·회유형 가게'다. 또한 왼쪽에도 출입구가 있어서 손님은 두 군데의 출입구로 자유롭게 드나들 수 있다. 출입구가 많다는 것은 손님이 나가고 싶을 때는 언제든지 밖으로 나갈 수 있다는 것을 의미한다. 이것은 손님에게 유리한 구조다.

A점, B점, C점도 구조적으로는 '점원 공간이 있는 접촉·유인·회유형 가게'로 셀프서비스 판매 방식을 취하고 있다. 규모는 마츠모토

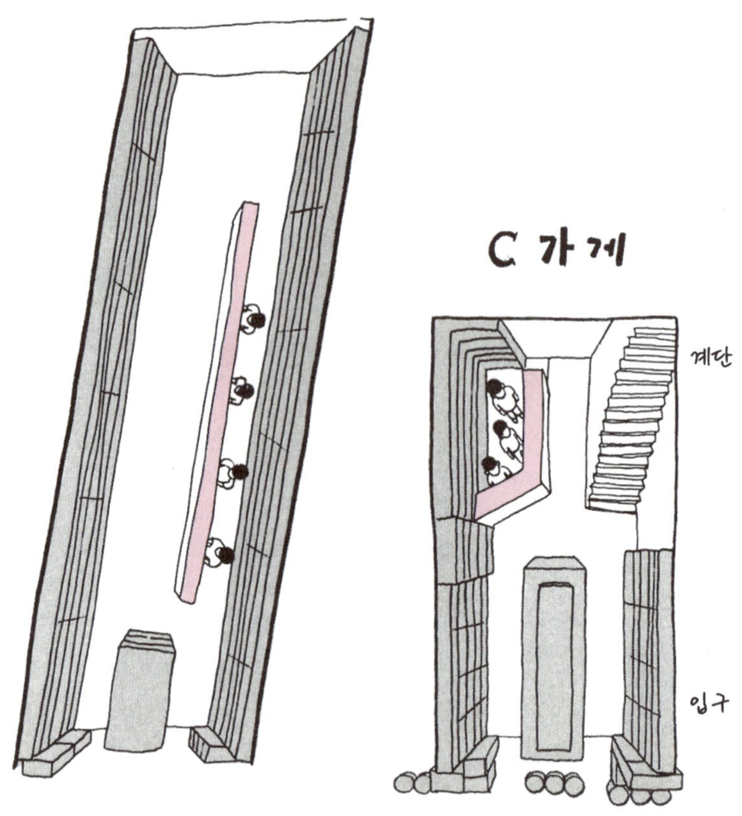

키요시가 가장 크지만 A점과 B점도 규모는 거의 비슷하다. 그런데 자세히 보면 A점과 B점은 폭이 마츠모토키요시만큼 넓지 않아서 가운데에 상품 진열대를 만들 만한 공간이 충분치 않다는 것을 알 수 있다. 이는 곧 손님이 물건을 돌아볼 수 있는 통로가 충분하지 않다는 것을 의미한다.

A점의 경우 입구 쪽에 진열된 상품의 양이 적어 지나다니는 손님을 끌어 모으는 파워가 약하다. 출입구와 계산대가 사람들이 지나다니는 도로와 접해 있을 뿐만 아니라 가게 폭이 너무 좁고 길다는 점

가게 자체의 규모가 작기 때문에 점원의 존재가 신경 쓰일 수밖에 없다.

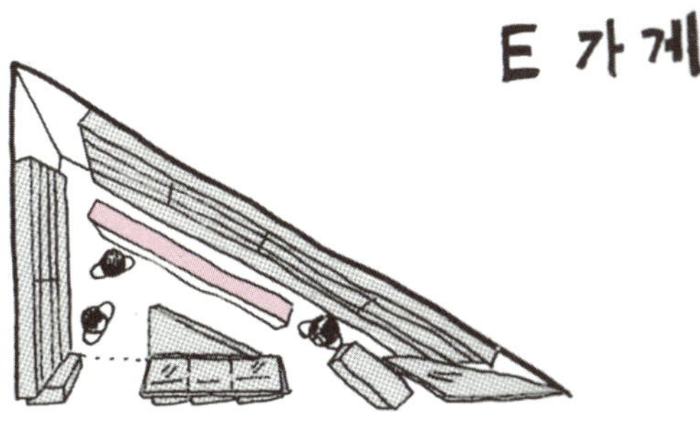

규모가 작은데다 점원이 단골 손님 접객을 하기 때문에 들어가기가 부담스럽다.

도 손님에게 그다지 유리하지 않다.

C점은 입구 쪽에 상품도 많고 가게 안에 손님 통로도 있지만 경쟁점과 비교하여 안쪽의 길이가 짧다.

D점과 E점은 여러 가게 가운데 가장 규모가 작을 뿐만 아니라 형태도 불규칙한 삼각형이라 불리하다. 특히 D점의 경우 구조상으로는 '점원 공간이 있는 접촉·유인·회유형 가게'다. 점원 공간이 마련되어 있고, 가게 앞에도 많은 상품을 진열해 놓았으며, 손님 통로는 완전하지 않지만 기본적으로 셀프 서비스 방식으로 물건을 판매하고 있다. 그러나 D점은 가게 규모가 매우 작은 탓에 점원의 존재가 신경 쓰여서 손님이 점원 공간 근처에 있는 상품을 좀처럼 자유롭게 둘러볼 수 없다. 손님들은 밖에서 보더라도 이 가게에서는 자유롭게 물건을 둘러볼 수 없다는 느낌을 받기 때문에 지나가기만 할 뿐 좀처럼 안으로 들어가 물건을 살펴보려고 하지 않는다.

E점은 이들 가게 가운데 유일하게 단골 손님 접객을 하고 있다. 그림에서도 볼 수 있듯이 이 가게의 점원은 손님 공간에 나와 손님이 오기를 기다린다. 그러다가 손님이 오면 재빨리 다가가 "뭘 찾으세요?" 하며 단골 손님 접객을 시작한다. 이 가게는 규모가 작아 물건을 대량으로 판매하는 것이 어렵기 때문에 비교적 가격이 높은 한약 등을 점원이 설명하여 판매하는 방식을 취하고 있다. 처음부터 물건을 사기 위해 E점에 온 손님은 점원의 접객을 받는 것이 부담스럽지 않고 즐겁겠지만 그렇지 않은 손님으로서는 다가가기가 쉽지 않다.

그렇다면 '점원 공간이 있는 접촉·유인·회유형 가게'라 하더라도 손님이 둘러보는 통로가 충분하지 않으면 손님이 오지 않는 이유는 무엇일까?

아래 그림은 마츠모토키요시(왼쪽)와 경쟁점(오른쪽)의 내부 모습
이다. 마츠모토키요시는 구조적으로 손님이 별로 없을 경우에 왼쪽
에 있는 상품 공간으로 가기 쉽게 되어 있다. 즉 가운데에 상품 공간
이 있어서 손님이 점원의 시선을 피해 상품을 둘러보기가 편하다. 그
러나 경쟁점에는 매장 가운데에 상품 공간이 없기 때문에 아무래도
점원의 시선을 느낄 수밖에 없다. 아무리 셀프 판매 방식을 취한다고
해도 뒤쪽에서 점원의 시선이 느껴진다면 오랜 시간 상품을 둘러볼
수 없다. 이처럼 구조가 같다고 해도 3공간 설계에 따라 손님의 수에
는 큰 차이가 난다.

폭이 좁아 점원의 시선이 느껴
진다.

폭이 넓어 점원의 시선을 피하
기 쉽다.

조금은 부담 없이 쇼핑할 수 있게 된 백화점 의류 매장

상품을 쉽게 만져 볼 수 없었던 부인복 매장

  예전에는 백화점에 있는 상품을 손님이 쉽게 만져 볼 수 없었다. 매장은 대개 '점원 공간이 좁은 접촉형 가게'로, 물건은 주로 진열대 안에 있었다. 주로 단골 손님을 대상으로 단골 손님 접객을 하기에 편한 구조였기 때문에 많은 손님을 대상으로 하는 백화점의 구조로는 부적합했다. 하지만 예전에는 상품 자체가 워낙 소중했기 때문에 점원은 살 마음이 없는 손님이 물건을 만지는 것을 꺼려했다. 그렇다

구경만 하는 손님은 쉽게 상품을 만져 볼 수 없었다.

보니 단골 손님 접객은 당연한 것으로 여겨졌다.

특히 지금은 누구나 아무렇지도 않게 만져 볼 수 있는 부인복이 예전에는 쉽게 만져 볼 수 없는 상품이었다. 블라우스나 스웨터는 대부분 진열대 안에 가지런히 정리되어 있었기 때문에 손님은 진열대 밖에서 상품을 보고, 마음에 드는 물건이 있으면 점원에게 꺼내 달라고 부탁을 해야 했다. 그래서 정말로 살 마음이 없는 손님은 물건을 만져 볼 수 없었다. 마치 요즘의 귀금속 판매 방식과 같았다.

점원이 죽 늘어서 있으면 쉽게 들어가기가 어렵다.

그 후 시간이 지나면서 상품 진열대가 주를 이루던 매장이 줄어들었다. 그러자 이번에는 129페이지 그림과 같이 각 제조업체에서 파견한 점원들이 자사 상품 근처에 서서 접객을 시작했다. 이들은 경쟁의식이 강하여 서로 먼저 손님을 잡으려고 했다. 결국 상품의 진열 방식은 개방됐음에도 불구하고 손님이 자유롭게 상품을 만져 볼 수 없는 상태는 계속되었다.

　오랫동안 부인복을 판매해 온 사람들은 부인복은 접객을 해야 팔 수 있는 상품이라고 생각했다. 조언을 해 주고 여러 모로 신경을 써 주지 않으면 손님들이 불만을 가질 것이라고 걱정했다. 그래서 부인복 매장에서는 극히 소수의 능숙한 판매 사원을 중심으로 보다 세련된 단골 손님 접객을 하라고 교육했다. 하지만 이런 방법은 실제로는 점점 손님을 멀어지게 하는 결과를 낳고 말았다.

　예외 없이 백화점도 변화를 맞이하면서 부인복 매장도 점원 수를

자유롭게 구경할 수 있을 것처럼 보이지만 실제로는 점원이 바로 접객을 해 온다.

줄이고 셀프 판매 방식을 도입하기에 이르렀다.

앞의 그림은 최근의 부인복 매장의 모습이다. 점원 공간이 꽤 넓고, 언뜻 보면 셀프 판매 방식을 취하고 있는 것처럼 보이지만 실제로 손님은 셀프 방식으로 물건을 살 수 없다. 각 코너에는 담당 직원이 있어서 찾아오는 손님에게 이런저런 접객을 한다. 그런데 손님은 점원의 접객을 피해 매장 안을 둘러보고 싶어 한다.

이처럼 낯선 손님 접객에 맞는 구조에서 지금까지 해 온 단골 손님 접객을 할 경우 손님은 매장의 구조와 점원의 접객에 모순을 느껴 크게 당황한다. 그러므로 부인복 매장을 개장할 때는 손님이 셀프 방식으로 물건을 살 수 있는 매장의 구조와 판매 방식을 도입해야 한다.

 ### 입구가 개방되어 있어도 들어가기 어려운 매장

백화점 안에 있는 독립 매장에서는 개성적이면서도 공을 많이 들인 상품을 주로 판매하고 있다. 그러나 가게 주인과 디자이너가 이전의 이미지에서 탈피하여 지나치게 최신 유행으로 꾸민 나머지 오히려 손님에게는 들어가기 어렵고 쇼핑하는 데 부담스러운 가게가 되어 버린 예도 많다.

특히 디자이너의 이미지를 강하게 내세운 DC(designer club) 브랜드 매장일수록 이런 경향이 강하게 나타난다. 예전의 DC 브랜드 매장에서는 소량 생산된 고급 상품을 넓은 매장에 조금 진열해 놓고 판매하는 방식을 취했다. 이에 더하여 하우스 마네킹이라고 불리는 점원이 자사 브랜드 제품을 세련되게 차려입고 나와 여러 가지 조언을 해 주었다. 그 결과 이런 매장은 누구나 들어갈 수 없는, 마치 회원제로만 운영하는 곳이라는 이미지를 풍기기도 했다. 한마디로 고급스럽긴 하지만 쉽게 들어갈 수는 없는 부담스러운 공간이었다.

다음에 나오는 그림은 전면이 개방된 불규칙적인 '점원 공간이 있는 유인·회유형 가게'의 예다. 매장과 손님 공간이 상당히 넓지만 손님은 가게 안으로 마음 편히 들어갈 수 없다. 점원이 손님 공간에 가만히 서서 손님을 기다리거나 접객을 하려는 행동을 하고 있기 때문이다. 이와 같은 매장에서는 점원이 세력권을 해제하는 행동을 하지 않는 한 손님이 부담 없이 매장 안을 둘러보거나 상품을 구경하기가 어렵다.

 **주위와 차단되어 있어 들어가기 어려운 매장**

전형적인 DC 브랜드 매장은 아래의 그림과 같다. 이런 매장은 각 브랜드에 어울리는 세련된 공간을 연출하려는 의도에서 만들어졌다. 그러나 주위에 여러 개의 칸막이를 세워 놓았기 때문에 밖에 있는 손님은 매장 안의 상황을 알 수가 없다. 그래서 내부의 상황을 잘 아는 단골 손님이 아닌 이상 편안한 마음으로 매장 안에 들어가기가 어렵다.

매장의 구조는 '점원 공간이 없는 유인·회유형 가게'로, 점원(하우스 마네킹)은 손님이 들어오자마자 접객을 시작하는 단골 손님 접

전면이 개방되어 있지만 지나치게 오픈되어 있어서 들어가기 어렵다. 

객을 한다. 또한 매장 안에는 극히 소량의 상품만을 진열해 놓았기 때문에 점원의 눈길을 피할 수 있는 사각 지대가 거의 없다. 그래서 점원을 신경 쓰지 않으면서 상품을 둘러보기가 매우 어렵다. 특히 손님과 점원이 대화를 나누어야 하는 분위기라 손님의 입장에서는 에너지가 굉장히 많이 소모된다.

그나마 예전에는 DC 브랜드 자체가 가진 상품의 파워가 강했기 때문에 손님은 가게의 구조나 접객에 그다지 신경 쓰지 않고 상품을 구입했다. 이 때문에 매장 측에서는 손님들이 매장의 인테리어나 접객 방식을 마음에 들어 한다고 생각한 것이다. 하지만 그 뒤로 DC 브랜드 매장이 늘어나 경쟁이 치열해지면서 손님은 보다 쇼핑하기 쉬운 곳으로 발길을 돌렸고, 이들 가게는 점점 손님이 줄어들었다.

일단 발을 들이면 점원이 바로 접객을 해 올 것 같아 들어가기 어렵다.

점원 공간이 있는 셀프 매장의 등장

독립 매장은 계속해서 다양한 판매 방식을 모색해 왔다. 그러나 사람들은 가능한 한 개성적인 인테리어가 돋보이는 가게를 만들려는 바람과 찾아온 손님에게 조언을 해 주는 것이 중요하다는 생각 때문에 좀처럼 셀프 판매 방식으로 바꾸지 못했다.

그러던 중 드디어 본격적인 셀프 판매 방식의 가게가 나타났다. 아래에 나오는 그림은 독립 매장으로서는 드물게 '점원 공간이 있는 유인 · 회유형 가게'의 구조로, 낯선 손님 접객을 하고 있는 가게의 예다.

이 가게는 출입구가 넓어서 손님이 들어가고 나가기가 편하다. 규모가 상당히 크고 상품도 보기 좋게 진열되어 있다. 트여 있다는 점에서는 다른 가게들과 같지만 손님이 자유롭게 상품을 둘러보거나

 점원 공간이 있으면 부담 없이 안으로 들어가 상품을 구경할 수 있다.

만져 볼 수 있다는 점에서는 다르다. 무엇보다 이 가게는 낯선 손님 접객을 하고 있다. 가게의 왼쪽은 점원 공간으로 확실히 구분되어 있기 때문에 점원들은 그곳에서 계산과 포장을 한다. 점원 공간 밖에 몇 명의 점원이 있긴 하지만 그들은 손님이 왔을 때 "어서 오세요."라고 간단하게 인사만 할 뿐 손님이 먼저 말을 걸어오기 전까지는 접객을 하지 않는다.

같은 상품을 취급하는 다른 가게와 비교해 보아도 이 가게에 손님이 더 많이 몰리는 것을 알 수 있다. 많은 사람들이 간과하기 쉬운 이 획기적인 구조와 접객 방식이 많은 손님을 불러 모으고 있는 것이다.

성공하는 가게의 법칙 16
확실히 분리된 점원 공간이 손님을 불러 모은다.

 점원 공간이 없는 접촉·유인·회유형 가게 구조

예전에는 백화점에 있는 여러 매장 가운데 쇼핑하기에 불편한 장소를 들라면 여성은 화장품 매장을, 남성은 신사복 매장을 꼽았다. 이처럼 신사복 매장이 쇼핑하기 불편했던 이유는 무엇일까?

과거의 백화점 신사복 매장은 대부분 '점원 공간이 없는 접촉·유인·회유형 가게'였다. 아래 그림은 백화점 통로에 신사복 매장이 죽 늘어서 있는 모습으로, 모두 점원 공간이 없기 때문에 점원은 매장 앞에 가만히 서서 손님을 기다린다. 그러다 손님이 다가오면 어떻게

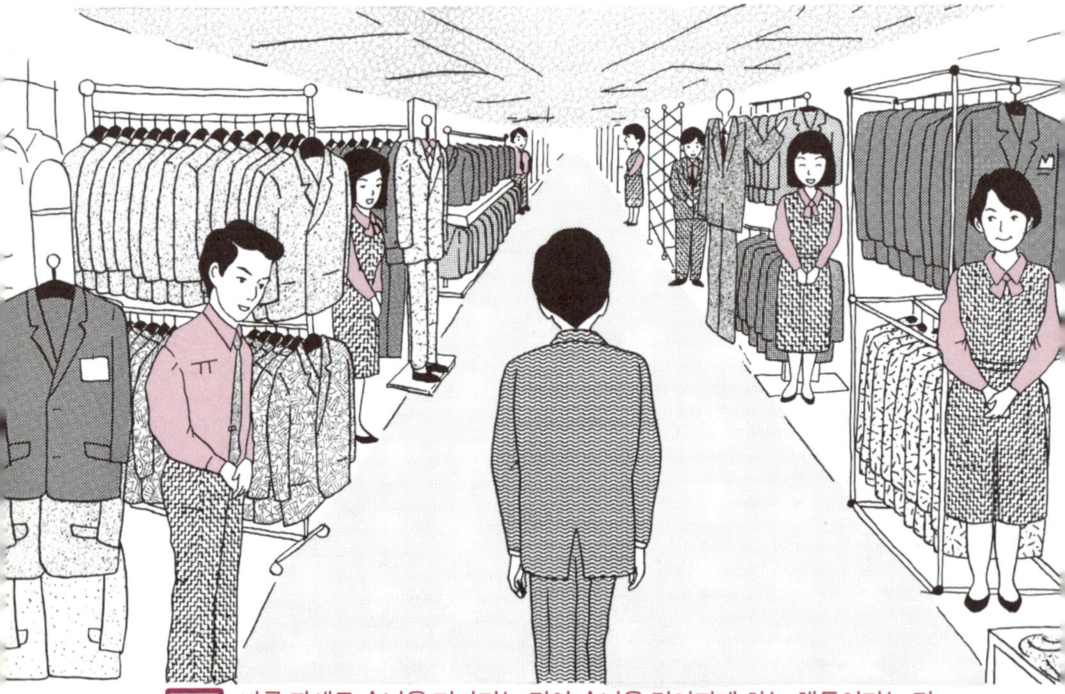

바른 자세로 손님을 기다리는 것이 손님을 멀어지게 하는 행동이라는 것을 몰랐다.

든 손님을 자기 매장으로 이끌기 위해 열심히 접객을 한다. 이것은 점원의 명백한 세력권 주장 행동으로, 이 경우 손님은 자기가 보고 싶은 상품을 자유롭게 볼 수 없다. 손님은 일단 점원에게 붙잡히면 거절하지 못하기 때문에 물건이 마음에 들지 않아도 사게 되는 경우가 많다. 그러면 손님들은 마음 편히 신사복 매장을 둘러볼 수 없다. 하지만 당시에는 이런 행동이 손님을 멀어지게 한다는 사실을 몰랐다. 오히려 열심히 접객을 하는 것이 매상을 올리는 데 도움이 된다고 믿었기 때문에 더욱더 적극적으로 단골 손님 접객을 했다.

 고전적인 방식의 점원 교육과 택시 대기 시스템

수많은 매장 가운데서도 신사복 매장의 점원 교육은 특히 엄격하다. 단정한 태도로 손님을 기다리거나 재빨리 접객을 하는 것이 신사

판매 경쟁을 제한해도 세력권 주장에는 변함이 없었다. 

복 매장의 전형적인 접객 방식이다. 한때는 비싼 상품을 판매하려면 반드시 바른 자세로 서서 손님을 기다려야 한다고 생각하던 때도 있었다.

사실 점원이 손님을 재빨리 접객하는 데는 극히 현실적인 이유가 있다. 예전에 신사복 매장에 있던 점원들은 손님이 보기에는 모두 백화점 점원으로 보였지만 실제로는 각 신사복 제조업체에서 파견한 사원인 경우가 많았다. 그랬기 때문에 파견 사원은 자사의 매출을 올리기 위해 치열한 판매 경쟁을 벌여야 했던 것이다.

그 후 신사복 매장을 방문하는 많지 않은 손님을 평등하게 접객하기 위해 '택시 대기 판매'라는 판매 방식을 도입했다. 그것은 마치 택시가 줄지어 서서 손님을 기다리듯이 점원도 줄을 지어 서서 손님을 기다렸다 접객을 하는 방식이었다. 자신의 순번에 들어온 손님이 물건을 살 것 같지 않으면 옆 매장으로 가게 놔두어도 되지만 일단 말을 걸었다가 실패하면 그 점원은 마지막 순번으로 되돌아간다. 특히 신사복 매장을 찾아오는 손님은 그 수가 적기 때문에 일단 한번 실패하면 하루 종일 기회가 오지 않는 날도 있었다. 이 때문에 점원들은 필사적으로 접객을 할 수밖에 없었다. 그 결과 '택시 대기 판매' 방식의 도입에도 불구하고 신사복 매장은 여전히 손님에게 부담스러운 공간으로 남았다.

이처럼 '점원 공간이 없는 접촉 · 유인 · 회유형 가게'의 구조에서 반복되는 단골 손님 접객은 손님을 멀어지게 할 뿐이다. 하지만 백화점 판매 관계자는 물론 실제로 매장에서 물건을 팔고 있는 점원들조차도 이 사실을 전혀 눈치 채지 못했다.

 ## 신사복 매장의 접객 교육

예전의 신사복 매장에서는 손님에게 어떻게 말을 걸어 손님의 마음을 파악할지, 어떻게 상품을 권유하여 손님의 마음을 잡아 물건을 사게 할 것인지 등을 적극적으로 연구했다. 그러기 위해서 극히 일부의 능숙한 점원이 다양한 기술을 고안해 많은 일반 점원들을 교육했다. 하지만 이런 접객은 누구나 할 수 있는 판매 방식이 아니었다. 손님과 자연스레 대화하면서 물건을 파는 단골 손님 접객은 고도로 훈련된 능숙한 점원이 아니고는 수행하기 어려운 판매 방식이었다.

그런데 평소에는 들어가기 어렵던 매장도 특정 요일이나 시간, 또는 세일 때는 들어가기 쉬운 매장으로 바뀐다. 역설적이게도 손님이 많아 점원이 미처 대응하지 못하는 때가 바로 손님이 자유롭게 상품을 고를 수 있는 순간이 되는 것이다.

손님이 많아서 다른 손님을 불러 모으는 파워가 강할 때만 들어가기 쉬웠다. 

백화점에서만 신사복을 살 수 있던 시대에는 어쩔 수 없이 백화점으로 가야 했다. 그 때문에 신사복 매장은 구조와 판매 방식을 바꾸려 하지 않았다.

그러던 중 신사복을 대폭 할인하여 판매하는 대형점이 등장하여 눈 깜짝할 사이에 많은 손님을 끌어 모았다. 그때까지 고급 품목으로만 생각해 온 신사복을 싸게 살 수 있게 된 것이다.

길가에 위치한 신사복 할인점이 눈부시게 발전하자 대부분의 사람들은 가격이 싸기 때문에 손님이 몰리는 것이라고 생각했다. 이에 맞

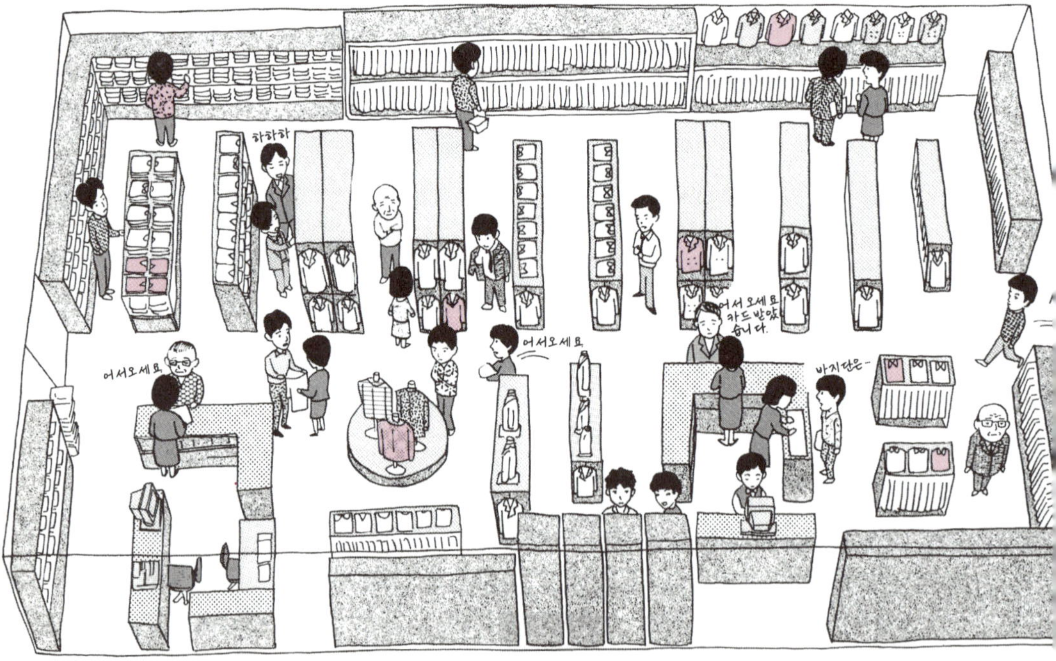

가격이 싸다는 점만 부각되고 들어가기 쉬운 구조와 사기 쉬운 접객 방법이라는 점은 간과했다.

서 백화점도 신사복 가격을 내려 물건을 판매하기 시작했다. 하지만 손님들은 좀처럼 백화점으로 다시 돌아오지 않았다. 그렇다면 대형 신사복 할인점이 손님을 끌어 모은 이유는 무엇이었을까?

먼저 '점원 공간이 없는 접촉·유인·회유형 가게'의 구조에서 단골 손님 접객을 하는 백화점 신사복 매장과 달리 할인점은 '점원 공간이 있는 유인·회유형 가게'의 구조에서 낯선 손님 접객을 했다.

아래 가게는 규모가 꽤 크지만 점원 공간(계산대)이 확실히 구분되어 있다. 대부분의 점원들은 대개 점원 공간에 있으면서 손님이 사고 싶은 상품을 가지고 왔을 경우에만 대응한다. 손님 공간에 나와 있는 점원이 때때로 큰 소리로 "어서 오세요."라고 인사를 건네기는 하지만 특정 손님에게 다가가 끈질기게 접객을 하는 일은 없다. 손님은 자유롭게 가게 안을 둘러보며 상품을 살펴보고, 마음에 들면 점원에

가격이 쌀 뿐만 아니라 낯선 손님 접객을 하기 때문에 물건을 사기가 쉽다.

게 단을 줄이거나 사이즈를 바꾸는 일 등을 물어보면 된다.

또한 이 가게에는 손님이 많기 때문에 손님이 손님을 불러들이는 파워도 강해서 부담 없이 쇼핑을 할 수 있다. 이제까지 백화점 신사복 매장의 접객에 질려 있던 손님들이 셀프 방식으로 신사복을 살 수 있는 이런 유형의 가게에 강한 관심을 보인 것은 당연하다.

이처럼 대형 신사복 할인점은 상품의 가격이 쌀 뿐만 아니라 손님의 에너지 비용도 낮기 때문에 많은 손님의 관심을 끌 수 있었던 것이다.

성공하는 가게의 법칙 ⑰
넓은 공간 + 싼 가격 + 낯선 손님 접객이 손님을 불러들인다.

그 후 전국적으로 대형 신사복 할인점이 생겨났다. 그 결과 전혀 양복을 사지 않던 손님까지도 이런 유형의 가게에 관심을 보였다. 심지어 백화점 신사복 매장을 이용하던 손님까지도 할인점을 이용하기 시작했다.

이에 백화점 안에 있는 신사복 매장은 당연히 큰 타격을 받았다. 허겁지겁 상품 가격을 내리는 등 여러 방법으로 대처했지만 매장의 구조와 접객 방식을 바꿔야 한다는 생각은 하지 못했다.

거품 경제가 막바지에 이르렀을 즈음 백화점 안에서 판매 방식이 재검토되었다. 신사복 매장의 인원 삭감 정책에 따라 파견 점원의 수도 대폭 줄어들었다. 상품의 가격 역시 거품 경제 시대와 비교하여

145

 점원 수의 감소로 점원의 세력권이 해제되자 손님이 다시 돌아왔다. 

상당히 낮아졌다. 특별 할인 상품의 경우에는 할인점의 가격과 거의 차이가 없을 정도로 낮아졌다.

앞의 두 그림은 모두 백화점 내에 있는 신사복 매장의 모습이다. 오른쪽 그림은 단골 손님 접객을 하던 때의 모습이고 왼쪽 그림은 최근의 낯선 손님 접객을 하는 모습이다. 적은 수의 점원으로 매장을 유지하기 위해 점원 공간이 있는 구조로 바꾼 것이다. 점원의 수가 줄어들자 점원 역시 작업에 쫓겨 일일이 손님에게 말을 걸지 않게 되었다.

이처럼 품질도 좋고 가격도 적당한 많은 상품과 줄어든 점원 수 덕분에 신사복 매장은 이전과 비교하여 상당히 구경하기 쉽고 물건을 사기 쉬운 공간이 되었다.

그렇게 되자 손님은 일부러 멀리 있는 할인점으로 가지 않고 번화가에 있는 백화점 신사복 매장에 가는 것이 효율적이라는 생각을 하게 되었다. 결국 손님들은 다시 백화점으로 되돌아왔다.

이처럼 편안함을 추구하는 손님은 그때그때 가장 편안하게 쇼핑할 수 있는 가게를 신중하게 선택한다.

영업 사원 시대에서 쇼룸 시대로

자동차는 시대의 첨단을 걷는 상품의 하나로, 상품의 특성상 예전

구경하는 것조차 부담스러웠던 예전의 쇼룸

에는 영업 사원에게 구입하는 방법밖에는 없었다. 판매 관계자들도 자동차는 영업을 통해서만 팔 수 있는 상품이라고 믿고 있었기 때문에 쇼룸은 거의 전시장의 구조를 갖추고 있지 못했다. 각 매장에 있는 쇼룸은 영업 사원이 데리고 간, 즉 물건을 살 의사가 확실한 손님에게 차를 보여 주기 위한 공간이었다. 따라서 일반 손님은 쇼룸에 가서 부담 없이 차를 구경하는 것이 거의 불가능했다. 그 때문에 손님은 어쩔 수 없이 영업 사원에게 차를 사야만 했다. 그러나 손님의 입장에서는 물건을 사는 데 있어 영업 사원이 항상 편한 상대만은 아니었다.

상품을 판매하는 많은 영업 사원을 '사람의 행동' 이라는 관점에서 관찰해 보면 실적이 좋은 영업 사원과 실적이 나쁜 영업 사원의 행동이 전혀 다르다는 것을 알 수 있다. 즉 실적이 좋은 영업 사원은 영업

영업 사원의 설명을 들어야만 차를 살 수 있었다.

에 효과적인 행동 습관을 갖고 있는 데 반해 실적이 좋지 않은 영업 사원은 그런 행동 습관을 가지고 있지 않다.

우리는 살아가면서 항상 좋은 느낌을 주는 사람만을 만나기 힘들다는 사실을 잘 알고 있다. 그런데 일단 판매나 영업과 관련된 교육을 받으면 누구나 좋은 인상을 주는 점원이나 영업 사원이 될 수 있다고 믿는 경향이 있다. 하지만 현실적으로 그런 경우는 극히 적다. 그 때문에 대부분의 손님들은 별로 인상이 좋지 않은 영업 사원에게라도 차를 살 수밖에 없었던 것이다. 하지만 손님은 자동차도 다른 상품과 마찬가지로 요모조모 살펴보고 여러 가지를 비교해 본 다음에 사기를 원했다. 또한 예전에 비해 상품에 대한 정보가 풍부해져서 일일이 영업 사원의 설명을 듣지 않고 자기 스스로 좋아하는 차를 선택하고 싶어 했다. 그럼에도 불구하고 많은 자동차 판매점들은 영원 사원에 의한 판매 방식을 바꾸려고 하지 않았다.

거품 경제가 절정에 이르렀을 무렵 모든 업계가 심각한 일손 부족으로 시달렸다. 자동차 업계도 예외는 아니어서 영업 사원 부족 현상이 오래 지속되었다. 이러한 상황 속에서 뒤늦게나마 매장에서 직접 자동차를 살 수 있게 하는 방법이 연구되었다.

결국 1990년을 경계로 전국 각지에 자동차를 판매하기 위한 대형 쇼룸이 등장했다. 영업 사원의 감소로 더 이상 이들에게만 의지하는 것이 불가능하다는 판단이 서자 자동차 회사가 생각해 낸 새로운 판

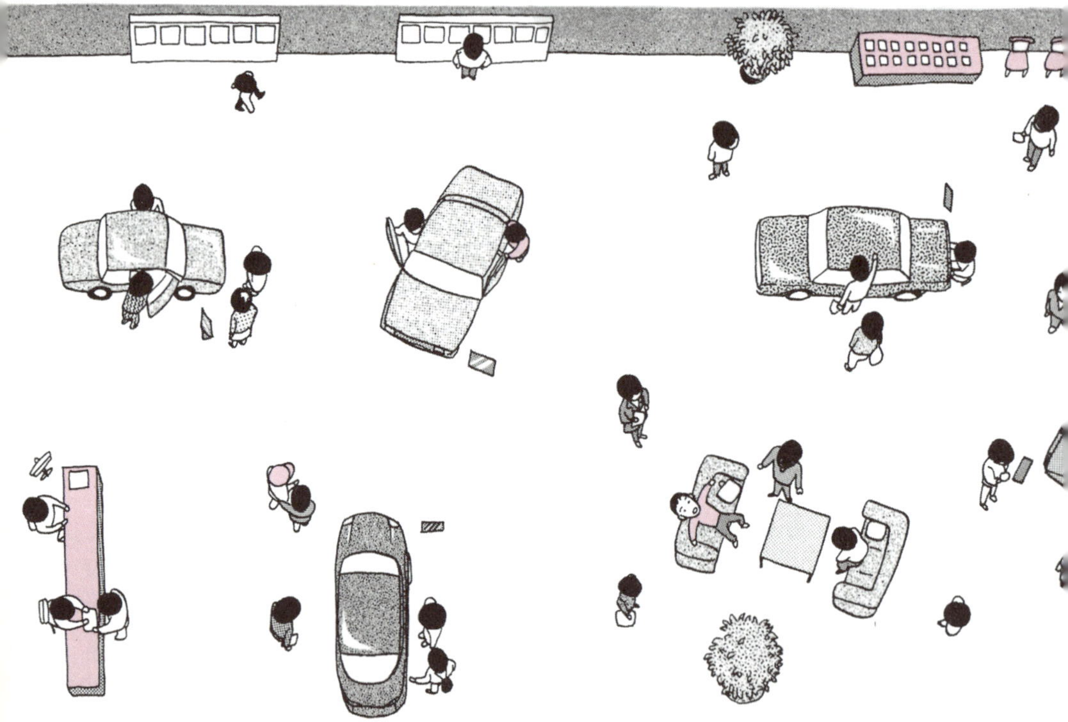

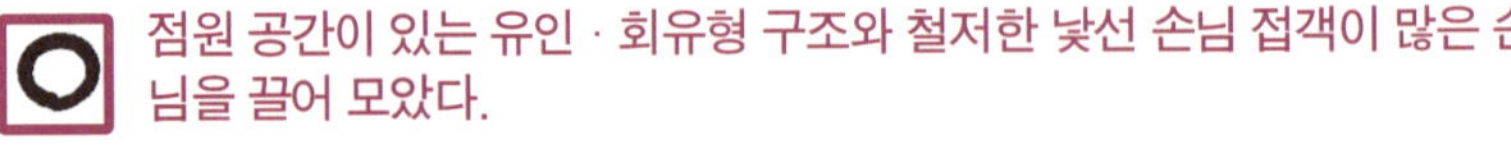

점원 공간이 있는 유인 · 회유형 구조와 철저한 낯선 손님 접객이 많은 손님을 끌어 모았다.

매 방식이었다. 다만 손님들이 이런 쇼룸에 올 것인지 오지 않을 것인지가 문제였다. 그러나 예상을 깨고 많은 사람들이 쇼룸을 찾았다.

그때까지만 해도 대부분의 쇼룸은 규모가 작고 단골 손님 접객을 했기 때문에 손님에게는 조금 부담스러운 공간이었다. 그러나 새로 생긴 대형 쇼룸에서는 점원을 신경 쓰지 않고 자유롭게 자동차를 둘러볼 수 있었다. 이는 새로운 쇼룸이 '점원 공간이 있는 유인·회유형 가게'의 완벽한 구조인 데다 철저하게 낯선 손님 접객을 했기 때문이다.

오랫동안 영업 사원 판매 방식을 고집해 온 자동차 업계의 비용 최소화 노력이 결국은 손님에게 에너지 소모 비용이 적고 사기 쉬운 가게를 제공하게 된 것이다.

중고차 센터는 자동차 쇼룸에 비해 규모도 크고 상품도 많았지만 점원의 심한 단골 손님 접객 때문에 구경하기가 어려웠다. 그래서 영업 시간이 끝날 때쯤 물건을 보러 가는 경우도 많았다. 즉 중고차 센터는 점원이 없는 밤에 구경하기 쉬운 공간이었다. 매장 측도 이를

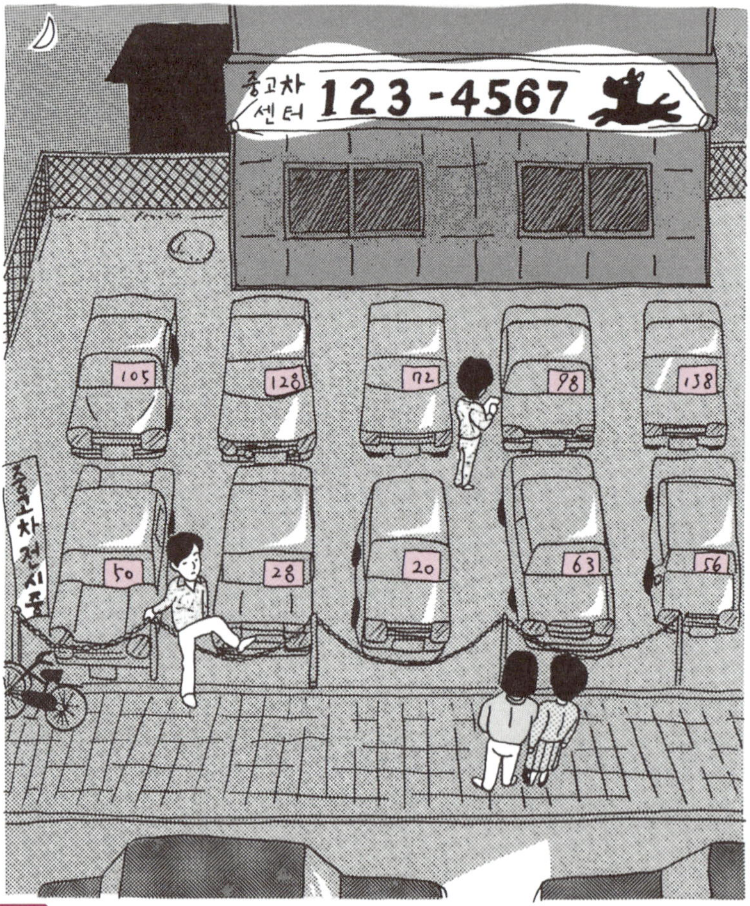

점원이 접객을 하지 않는 폐점 후에 손님이 찾아온 예전의 중고차 센터

알고 밤새 조명을 켜 두거나 전화번호를 표시해 두어 영업 시간 이후에 찾아오는 손님을 상대했다. 그러던 중 긴 연휴 동안 쇼룸이나 매장에 점원을 두지 않고 손님이 마음대로 자동차를 보고 문의나 주문을 할 수 있게 하는 무인 판매 행사가 열렸다. 이 행사는 매우 긍정적인 평가를 얻었다. 이처럼 손님은 상품의 품질이 안정화되면 될수록 가능하면 점원과 인간관계를 맺지 않고 물건을 사기를 원한다.

무인 판매를 하는 곳은 낯선 손님 접객을 하기 때문에 구경하기 쉽다.

슈퍼와 편의점이 경쟁 상대가 되다

예전에는 대부분의 가게가 단골 손님 접객에 유리한 구조로 되어

 이웃을 주 고객으로 영업하던 예전의 가게

있었기 때문에 주로 알고 지내는 손님을 대상으로 단골 손님 접객을 했다. 가게는 주인이나 점원의 세력권 그 자체였기 때문에 손님은 자유롭게 물건을 살펴보기가 어려웠다. 상품의 종류나 양도 적어서 사고 싶은 물건을 살 수 없는 경우도 많았다. 이처럼 예전의 가게들은 손님에게는 결코 마음 편히 드나들 수 있는 공간이 아니었다.

그러던 중 약 30평 내외의 규모의 공간에 약 3백 개의 아이템으로

편의점은 이웃이나 알지 못하는 손님에게나 똑같은 방식으로 접객한다.

이루어진 편의점이 등장했다. 지금은 전국 곳곳에 편의점이 들어서서 치열한 판매 경쟁을 벌이고 있지만 불과 10~20년 전만 해도 편의점이 이렇게까지 성공할 것이라고는 전혀 예상하지 못했다. 또한 세련된 상품 구성과 획기적으로 긴 영업 시간이 주목을 받긴 했지만 편의점 자체의 매장 구조나 접객 방식은 거의 주목을 받지 못했다.

편의점은 완벽한 '점원 공간이 있는 유인·회유형 가게'의 구조에서 철저한 낯선 손님 접객을 했다. 편의점이 등장하자 손님들은 일반 가게에서 살 수 있는 물건도 부담 없이 살펴보고 고를 수 있는 편의점에 가서 샀다. 편의점 덕분에 사람들은 자기가 살고 있는 동네에서도 낯선 손님이 되어 자유롭게 쇼핑할 수 있게 된 것이다.

사람들은 처음에 편의점을 심야 영업을 하는 미니 슈퍼 정도로만 생각했다. 하지만 편의점은 차츰 젊은이들을 중심으로 많은 사람들에게 인기를 끌었다. 편의점 수가 증가하고 경쟁이 치열해지자 계산대에서도 다양한 상품을 판매하게 되었다. 이와 동시에 점원의 접객 교육에도 관심을 기울이기 시작했다.

처음에는 손님들이 낯선 손님 접객을 좋아한다는 것을 몰랐기 때문에 편의점 관계자들을 자신들의 접객 방식이 다른 가게와 비교하여 인간미가 결여된 것은 아닐까 하는 우려를 했다. 결국 편의점은 손님들에게 좋은 인상을 줌으로써 점원과 손님이 친밀한 인간관계를 맺기 위한 교육과 캠페인을 실시하기에 이르렀다.

157

낯선 손님 접객에 유리한 구조에서 단골 손님 접객을 하면 손님은 혼란스럽다. ✕

예를 들어 손님이 상품을 계산대로 갖고 오면 평범하게 접객을 하는 것이 아니라 한 마디의 말을 건네는 이른바 '한 마디 캠페인'을 시작한 것이다. 하지만 문제는 재치 있게 손님에게 말을 걸 수 있는 점원은 그리 많지 않았다는 데 있다. 결국 손님과 점원의 관계는 더 어색해져 갔다. 지금도 손님과 점원간의 따뜻한 인간관계를 강조하는 광고가 있긴 하지만 편의점에서는 점원과 직원이 특별한 인간관계를 맺지 않고 물건을 사고파는 방법을 유지하고 있다.

이렇게 편의점의 매상이 오르자 일반 가게는 영향을 받기 시작했다. 이들은 결국 편의점을 모방하여 '점원 공간이 있는 유인·회유형 가게'로 개장하고 셀프 판매 방식을 도입한 미니 슈퍼를 만들었다. 하지만 이런 미니 슈퍼들은 개장 전보다는 물건을 사기 쉬워졌음에도 불구하고 일반 편의점처럼 매상이 오르지는 않았다. 이런 가게들

단골 손님 접객을 하는 슈퍼마켓은 처음 온 손님을 멀어지게 한다.

은 가족 중심으로 운영하는 곳이 많아서 영업 시간이 편의점만큼 길지 않았고 상품도 편의점만큼 충분하지 않았기 때문이다.

무엇보다도 가장 큰 문제는 점원의 태도에 있었다. 많은 사람들이 간과하기 쉬운 '점원이 누구냐' 하는 문제는 물건을 파는 데 있어 매우 중요하다. 편의점의 점원은 대개 아르바이트 학생으로, 바뀌는 일이 많지만 미니 슈퍼는 가게 주인이나 그 가족이 점원이기 때문에 거의 바뀌지 않는다. 미니 슈퍼에서는 손님이 그 가게에서 몇 번 물건을 사면 대부분 점원과 인간관계를 맺게 된다. 그런데 바로 이 점이 손님에게는 부담을 주는 것이다.

결국 애써서 셀프 판매 방식으로 개장을 하더라도 점원이 종전대로 단골 손님 접객 방식을 취한다면 처음 왔던 손님은 영원히 멀어지게 된다.

159

편의점이 처음 등장했을 때만 해도 편의점 식의 가게 구조와 접객 방식이 전국에 있는 가게의 견본이 되리라고는 아무도 예측하지 못했다. 대부분의 사람들이 편의점의 구조와 접객 방식을 정확하게 이해하지 못했기 때문이다. 이는 당시 전국적으로 인기를 끌고 있던 슈퍼마켓의 구조와 접객 방식이 손님에게 끼친 영향에 대해서도 충분히 이해하지 못했다는 의미이기도 하다.

슈퍼마켓의 등장은 이전까지의 가게 구조와 접객 방식을 크게 바꿔 놓았다. 그때까지 백화점이나 가게는 단골 손님 접객을 하기 쉬운 구조였고, 또 실제로도 그런 방식의 접객을 통해 물건을 판매했다. 이에 비해 슈퍼마켓은 낯선 손님 접객을 하기 쉬운 구조에서 낯선 손님 접객 방식으로 상품을 판매했다.

슈퍼마켓이 등장하면서 손님들은 자유롭게 상품을 만져 보거나 살

슈퍼나 편의점은 모두 점원 공간이 있는 유인·회유형 가게로 낯선 손님 접객을 한다.

펴볼 수 있게 되었다. 사고 싶은 물건이 없으면 사지 않고 나가도 아무 상관이 없었다. 또한 몇 번을 가더라도 매번 처음 온 손님처럼 접객을 했기 때문에 점원과의 인간관계로 인해 필요하지도 않은 물건을 사야 하는 일도 없었다. 즉 손님의 입장에서는 슈퍼가 에너지를 덜 소모하게 해 주었던 것이다.

물론 당시에는 이런 차이점이 거의 논의되지 않았다. 당시로서는 판매의 합리화를 위해 셀프서비스 판매 방식을 도입한 것에 지나지 않았을 뿐만 아니라 손님이 직접 원하는 상품을 골라 계산대로 가져오게 하는 것은 손님에 대한 서비스가 결여된 방식이라고 생각했기 때문이다. 바로 그 점 때문에 많은 손님들이 백화점이나 다른 가게에 가지 않고 슈퍼마켓을 찾는다는 사실을 그때까지는 몰랐다. 그런데 실제로는 슈퍼마켓이 등장하면서 모든 가게의 구조와 접객이 방향을 잡게 되었다.

슈퍼의 등장과 자신들만의 구조와 접객 방식을 갖춘 편의점이 있었음에도 불구하고 사람들은 이것이 새로운 유형의 가게라는 점을 인식하지 못했다. 하지만 편의점이 점점 눈부시게 발전하자 그제서야 사람들은 슈퍼와 편의점이 같은 구조와 접객 방식을 취하고 있다는 사실을 깨달았다. 게다가 슈퍼가 휴일을 줄이고 영업 시간을 늘리면서 편의점이 영향을 받자 양자가 같은 구조와 접객을 하는 가게라는 점은 더욱 확실해졌다.

앞으로는 슈퍼와 편의점을 중심으로 모든 가게가 점점 점원과 손님의 에너지 비용을 줄여 주려는 경쟁을 통해 보다 효율적이고 사기 쉬운 구조와 접객 방식을 연구하는 일이 진행될 것이다.

손님은 셀프 카트에 매력을 느낀다

한때 주류 판매점은 여러 종류의 가게 가운데서도 가장 매상이 높았다. 비교적 고가의 상품을 취급하는 데다 경쟁도 그리 심하지 않아

 술을 팔려면 면허가 있어야 했기 때문에 가게 구조와 접객 방식에 변화가 늦게 찾아왔다.

서 다른 업종에 비해 여유가 있었던 것이다. 특히 일본에서는 맥주를 비롯한 모든 술은 물론 간장이나 식초, 맛술, 설탕, 소금 등을 주류 판매점에서 팔았기 때문에 주부들에게 매우 친근한 공간이기도 했다. 이런 관계를 통해 주류 판매점은 동네 주민들과 밀착된 관계를 유지해 나갔다. 다른 업종의 가게들은 치열한 경쟁 속에 차츰 가게의 구조나 접객 방식을 바꿔 갔지만 주류 판매점은 예전 모습 그대로 구조와 접객 방식을 유지했다.

  왼쪽 그림은 오래된 주류 판매점의 예다. 가게 앞에 자동 판매기 등이 놓여 있지만 구조는 '점원 공간이 있는 유인 · 회유형 가게'다. 입구는 대개 닫혀 있는 경우가 많아서 물건을 사기 위해서는 문을 열고 가게 안으로 들어가야 한다. 가게 안쪽에 계산대가 있지만 점원 공간으로 사용되는 것이 아니어서 점원은 손님이 오자마자 손님 공간으

단골 손님 접객을 하는 가게에는 한정된 손님만 찾아온다.

로 가 이런저런 접객을 시작한다. 이런 가게에는 회유형 상품 공간이 있어도 손님이 마음대로 상품을 둘러보며 고르기가 어렵다. 특히 예전에는 손님이 스스로 물건을 찾거나 계산대로 가지고 오게 하는 것은 손님에 대한 실례라고 생각했기 때문에 더욱더 열심히 단골 손님 접객을 했다.

그러나 시대가 바뀌어 주류 판매점 간에 경쟁이 심해지면서 주류 판매점의 손님도 점점 줄어들었다. 배달 지역을 넓혀서 방문해도 집이 비어 있는 경우가 많았고 주문하는 사람도 점점 줄어들었다. 이에 주류 판매점들은 자동 판매기 등을 설치하여 매상을 높이려고 노력했지만 출입구가 좁아지는 등 전체 구조는 더욱 악화되었다.

그 후 전국 각지에 자동 판매기가 설치되고 경쟁점이 많아지면서 주류 판매점의 매상은 점점 더 떨어졌다. 주류 판매점은 이미 시대에 뒤떨어진 가게의 상징이 되어 있었던 것이다. 이에 유명 제조업체나 유통 관계자들은 서둘러 개장을 하거나 판매 방식을 개선하는 방법으로 이에 대응했다.

개장에 앞서 유명 업체나 유통 관계자, 디자이너들은 다양한 방법

가게를 개장해도 3공간이 제 역할을 하지 못하면 새로운 손님은 오지 않는다. 

으로 가게 환경을 바꾸기 위해 노력했다. 예를 들어 와인 코너를 설치하거나 구하기 힘든 지방의 술을 판매하는 등의 방법으로 구식 이미지에서 탈피하여 세련된 가게로 만들었다. 그 결과 전국에 있는 주류 판매점은 새로운 모습으로 싹 바뀌었다. 그러나 결과는 분위기만 조금 밝아졌을 뿐 매상은 생각보다 많이 오르지 않았다.

문제는 손님을 멀어지게 한 근본 원인을 파악하지 못한 데 있었다. 그때까지 주류 판매점은 대부분 동네 근처에 있으면서 전형적인 단골 손님 접객을 했다. 시대가 변하면서 손님들은 단골 손님 접객을 하는 방식에 불편함을 느꼈지만 판매 관계자들은 단골 손님 접객이 손님을 멀어지게 한다는 인식을 하지 못했다. 그래서 애써 가게는 개장하면서도 접객 방식을 바꾸려는 시도는 거의 하지 않았던 것이다. 오히려 손님의 얼굴이나 이름을 기억하고 손님의 취향을 물어 술을

✕ 가게가 새롭게 바뀌어도 단골 손님 접객을 하면 손님은 늘지 않는다.

골라 주거나 전문적인 내용을 제공하는 등 더 적극적으로 단골 손님 접객을 했다.

165페이지의 그림은 162페이지에 있는 오래된 주류 판매점을 개장한 것이다. 이제까지의 어두웠던 이미지에서 탈피하여 밝고 세련된 분위기로 바꾸었다. 가게 이름은 물론 입구도 자동문으로 바꾸고 인테리어와 집기도 최신 유행하는 것으로 바꾸었다. 하지만 3공간 기능과 접객 방식은 그대로 유지했다.

이 가게의 경우 개장 후 얼마 동안은 손님이 증가했다. 하지만 손님의 에너지를 많이 소모하게 하는 단골 손님 접객이 계속되자 손님은 점점 줄어들었고 얼마 후 그나마 오던 단골 손님마저도 하나둘씩 발길을 끊었다.

성공하는 가게의 법칙 ㉒
가게를 개장해 놓고 접객 방식을 바꾸지 않으면 새로운 손님은 오지 않는다.

그런데 동네의 단골 손님을 대상으로 하던 주류 업계에 상상치도 못한 대형 주류 할인점이 등장했다. 이런 가게가 등장했다는 소식은 순식간에 입에서 입으로 퍼졌고, 멀리서 많은 손님이 몰려들었다. 국내외의 주류를 싸게 살 수 있다는 점도 큰 매력이었지만 판매 방식 역시 손님들의 관심을 끌기에 충분했다.

새로 생긴 대형 할인점은 완벽한 '점원 공간이 있는 유인·회유형 가게'의 구조에 셀프서비스 방식으로 술을 판매했다. 이전의 주류 판

○ 누구나 자유롭게 술을 살 수 있는 낯선 손님 접객을 하는 주류 판매점

매점이 다른 업종과 비교하여 오랫동안 점포의 구조나 판매 방식을 바꾸지 않았던 이유 가운데 하나는 상품이 무거웠기 때문이다. 그러나 다른 상품처럼 셀프용 바구니를 놓아둔다고 해서 해결될 문제도 아니었기에 계속해서 단골 손님 접객을 유지할 수밖에 없었다.

이 문제는 가게가 대형화되어 셀프 카트를 이용하게 되면서 해결되었다. 그 덕분에 손님들은 좋아하는 상품을 스스로 선택해서 계산대로 가지고 가 계산하는 방식으로 술을 살 수 있게 되었다. 그 결과 이전에는 주류 매장을 방문하는 일이 없던 남성 손님들까지도 주류 매장을 찾게 되었다. 또한 술을 대량 구입하기 위해 차를 가지고 멀리 있는 대형점까지 가는 일이 일반화되었다.

성공하는 가게의 법칙 23
손님들은 셀프서비스 판매 방식과 셀프 카트에 매력을 느낀다.

상점가가 쇠퇴한 진짜 이유

상점가에 있는 가게와 일반 가게의 차이

 구조의 차이

대형점이 진출하면서 상점가에 위치한 90% 이상의 가게가 정체하

상점가를 구성하고 있던 초기 가게의 전형적인 구조

거나 쇠퇴했다. 전국적으로 상점가에 있는 가게를 활성화하기 위한 운동이 펼쳐졌지만 회복될 기미는 보이지 않았다. 그렇다면 이처럼 상점가에 있는 가게가 쇠퇴한 원인은 무엇이며 또 앞으로 어떻게 변화해 나가야 할 것인가?

먼저 쇠퇴해 가는 상점가의 가게와 슈퍼, 편의점, 대형점의 구조를 살펴보도록 하자.

왼쪽 그림에서도 볼 수 있듯이 상점가의 가게에는 상품 공간과 손

상점가의 가게들과는 전혀 다른 편의점의 구조

님 공간은 존재하지만 점원 공간은 없거나 있다고 해도 대부분 불완전한 형태다. 주로 잘 알고 지내는 이웃 손님을 대상으로 운영하고 있기 때문에 점원과 손님 사이를 가로막는 점원 공간은 필요 없다. 가게 안쪽은 보통 주거 공간과 연결되어 있어서 점원은 손님이 없을 경우에는 주거 공간으로 들어가 휴식을 취하거나 개인적인 일을 볼 수 있다.

반대로 171페이지 그림에서처럼 슈퍼나 편의점, 대형점에는 점원 공간이 구분되어 있다. 주로 잘 알지 못하는 손님들을 대상으로 하고 있기 때문에 점원과 손님 공간을 확실하게 구분해 놓는 것이 더 효율적이기 때문이다. 이와 같은 가게의 점원은 상점가의 점원과는 달리 대부분의 시간을 점원 공간에서 보낸다. 그래서 영업 중에는 손님이 오지 않더라도 개인적인 일을 볼 수가 없다.

 ## 접객의 차이

다음은 상점가의 가게와 슈퍼, 편의점, 대형점의 접객 방식의 차이점이다.

상점가의 가게들은 대부분 단골 손님 접객을 한다. 원래 잘 알고 지내는 이웃 주민, 즉 단골 손님을 대상으로 발전해 온 데다 구조 역시 단골 손님 접객을 하기에 적합하기 때문이다. 앞에서도 말했듯이 단골 손님 접객이란 손님이 주문을 하기 전부터 접객을 시작하는 접객 방식이다. 가게에 오는 손님은 대개 점원과 잘 알고 지내는 사이기 때문에 물건을 사고팔 때는 서로 인사를 하는 일부터 시작한다. 날씨 이야기나 세상 돌아가는 이야기, 가족 이야기 등을 하는 경우도 있어서 손님은 점원과 인간관계를 맺지 않으면 물건을 살 수 없다.

이처럼 같은 사람과 오랜 시간에 걸쳐 계속해서 관계를 가져야 하는 상황에서는 서로의 인간관계가 매우 중시된다. 그래서 이런 가게에서는 큰 소리로 기분 좋게 인사하거나 상대를 배려해 주는 행동, 가족의 안부를 묻거나 가족에 대한 칭찬 등 신경 써서 손님에게 하는 말 한 마디가 중요한 접객이 된다. 이와 같이 접객에 인간관계가 합쳐진 것이 단골 손님 접객이다.

그러나 이러한 단골 손님 접객은 가게간의 경쟁이 심해지면서 좀더 엄격해지고 세련되게 변했다. 가게 앞에 바른 자세로 서서 손님을 기다리거나 손님이 오자마자 큰 소리로 "어서 오세요."라고 인사하는 것이 그 연장선상의 일이다. 그러나 유감스럽게도 이런 접객 방식은 손님의 에너지 소모량만 증가시켰을 뿐 손님을 더 많이 끌어 모으지는 못했다.

단골 손님을 대상으로 단골 손님 접객을 하는 상점가의 가게

반면 슈퍼와 편의점, 대형점에서는 낯선 손님 접객 방식을 유지했다. 주로 모르는 손님을 대상으로 하기 때문에 구조 역시 낯선 손님 접객을 하기에 유리했다.

앞에서도 말했듯이 낯선 손님 접객이란 손님이 주문을 한 뒤에 접객을 시작하는 접객 방식이다. 가게에 오는 손님은 대부분 점원과 모르는 사이기 때문에 손님이 주문을 하기 전까지는 어떤 접객도 시작하지 않는다. 물론 손님이 점원에게 말을 걸어오는 경우에는 재빨리 이에 대응하지만 그때에도 특별한 인간관계는 발생하지 않는다. 이런 유형의 가게에서는 계산이 끝나는 순간 모든 것이 끝난다. 따라서 손님은 몇 번이건 같은 가게에서 쇼핑을 하더라도 항상 처음 오는 손님처럼 접객을 받는다.

이런 접객 방식은 일반적인 인간관계와는 전혀 다른 판매 현장 특

모르는 손님을 대상으로 낯선 손님 접객을 하는 편의점

유의 관계다. 손님에게 좋은 인상을 주는 행동은 점원이 다른 손님을 접객하고 있거나 바쁘게 작업을 하고 있는 모습이다. 자신에게 인사를 하거나 말을 걸어오는 점원의 행동은 손님의 입장에서 그다지 좋지만은 않다.

이런 가게에서는 손님이 자유롭게 가게 안을 둘러보고 물건을 살 수 있다. 또한 점원과 인간관계에 얽매이는 일이 없기 때문에 언제라도 사고 싶은 물건을 사고 싶은 만큼 살 수 있다. 바로 이러한 구조와 접객 방식이 손님의 에너지 소모를 줄여 준 것이다. 그랬기 때문에 손님들은 단골 손님 접객을 하는 가게를 멀리하고 낯선 손님 접객을 하는 가게로 몰려든 것이다.

성공하는 가게의 법칙 24
단골 손님 접객은 손님의 에너지 소모량을 증가시킨다.

교통망의 발달이 상점가의 손님을 빼앗아 갔다

손님들이 상점가에 있는 가게를 멀리하고 대형점으로 끌리게 된
데는 대형점 자체에 매력이 있기도 했지만 대형점으로 가는 교통망
의 발달도 한몫했다. 도시에 있는 가게가 아무리 매력적이라도 에너
지 소모가 최대한 적은 쇼핑을 하기를 원하는 손님의 입장에서는 에

교통망의 발달로 상점가에는 손님이 줄어들었다.

너지 소모가 많은, 즉 교통이 불편한 곳은 잘 가지 않으려고 한다.

그러던 중 경제 발전으로 인해 도심 외곽 지역을 연결하는 교통망이 급속히 발달했다. 특히 지방에서는 고속도로가 큰 역할을 했다. 자동차가 일상적인 교통 수단으로 이용되는 지역에 1시간 정도면 도심으로 갈 수 있는 고속도로가 생기자 사람들은 점점 상점가를 떠나 도심에 위치한 가게로 몰려들었다. 동네 상점가에서 많은 에너지를 소모해 가며 단골 손님 접객을 받는 것보다는 비록 차로 1시간 걸리더라도 도심의 가게에서 낯선 손님 접객을 받는 것이 에너지 소모가 적었기 때문이다.

몇 정거장 떨어진 곳에 대형점이 들어서도 손님들은 쉽게 그쪽으로 몰렸다. 몇 정거장 떨어져 있더라도 낯선 손님 접객을 하는 가게에 가는 것이 그만큼 에너지 소모를 줄일 수 있었기 때문이다. 이에 동네에 있는 가게들은 대형점이 들어서는 것을 강하게 반대했다. 하지만 그 지역에 대형점이 들어서는 것을 막았다고 해도 교통망의 발달로 인해 상점가의 가게들은 결국 같은 운명에 이르렀을 것이다.

성공하는 가게의 법칙 25
손님들은 조금 멀리 가더라도 에너지 소모가 적은 쇼핑을 선호한다.

아케이드는 상점가를 화려하게 해 준 존재였지만 시대가 변하면서 오히려 상점가의 쇠퇴를 초래하고 개혁을 늦춘 큰 요인이 되었다. 예전에는 아케이드를 설치해 놓고도 아케이드의 장점을 알지 못했지만 아케이드의 존재 유무는 가게의 3공간에 매우 큰 영향을 미친다. 그러나 가게 앞에 상품을 놓아두면 비바람의 피해를 입을 우려가 있었기 때문에 이러한 가게들은 대부분 '유인·회유형 가게'의 집합체가 되기 쉬웠다.

아케이드가 없는 상점가의 손님은 멀어진 것이 아니라 대형점으로 간 것이다.

이런 가게는 가게 문을 열고 들어가야만 상품을 볼 수 있기 때문에 처음 오는 손님은 쉽게 안으로 들어가기가 어렵다. 또 '접촉·유인·회유형 가게'라고는 해도 가게 앞에는 보통 비가 오거나 바람이 불어도 상관이 없는 물건들, 즉 손님이 그다지 매력을 느끼지 못하는 물건들만 놓여 있어서 손님의 관심을 끌 수 없다.

그러나 아케이드가 설치되어 있는 가게들은 환경이 전혀 달랐다. 질이 떨어지는 상품이 적은 데다 추위나 더위에도 그리 영향을 받지 않는 상품들이 많았기 때문에 가게 앞을 개방한 '접촉·유인·회유형 가게'가 중심이었다. 이런 가게는 그렇지 않은 가게에 비해 가게

통행량이 많은 상점가가 아니면 아케이드의 효과를 보지 못한다.

앞에 놓인 상품을 구경하거나 가게 안으로 들어가기가 쉬워서 많은 손님을 끌어 모을 수 있었다. 그렇다면 아케이드가 설치된 상점가가 구조적으로 유리했음에도 불구하고 그것이 상점가의 쇠퇴 요인으로 작용한 이유는 무엇일까?

원래 상점가는 처음부터 상점가로 존재한 것이 아니었다. 사람들의 통행량이 많아지면서 차츰 한두 개씩 가게가 들어서기 시작한 것이다. 가게 앞으로 지나다니는 사람들이 많을수록 가게 앞에 놓아둔 상품의 회전율도 빨라진다. 거기에 아케이드까지 설치되어 있으면 더 유리할 수밖에 없다. 그랬기 때문에 활기 넘치는 상점가에서는 다소 비용이 들더라도 아케이드를 설치하려고 했다. 아케이드 덕분에 손님도 쇼핑이 편리해졌고 가게도 더욱 잘됐다.

그러나 얼마 안 가 재개발 등의 영향으로 사람들의 통행량이 급격히 감소했다. 가게 역시 쇠퇴한 곳을 떠나 사람들의 통행량이 늘어난 곳으로 옮겨가야 했지만 많은 비용을 들여 아케이드를 설치한 가게 주인들로서는 그렇게 쉽게 움직일 수 있는 여건이 되지 않았다.

결국 상점가의 가게들은 가게를 옮기지 않고 어떻게 해서든 손님을 다시 돌아오게 할 방법을 모색했다. 하지만 잘되는 가게를 만들어주는 제1의 조건인 통행량이 줄어든 이상 해결책을 찾아내기는 어려웠다.

 **지나치게 빠른 접객 때문에 부담 없이 구경할 수 없는 부인복 가게**

이 가게는 전면이 개방되어 있고 입구에 많은 상품을 진열해 놓은 부인복 가게다. 예전에는 많은 손님들로 붐볐지만 지금은 손님들의 관심이 백화점과 쇼핑 센터로 옮겨 갔다. 이로 인해 손님이 줄자 원래 적극적이었던 가게 주인은 더욱더 접객에 힘썼다. 결국 이 가게는 단골 손님마저도 구경하기 어려운 가게가 되어 버렸다.

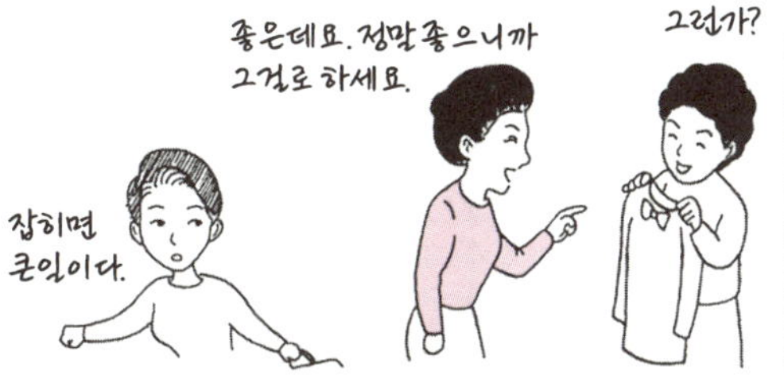

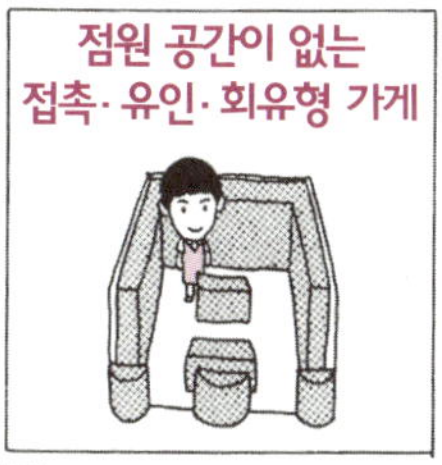

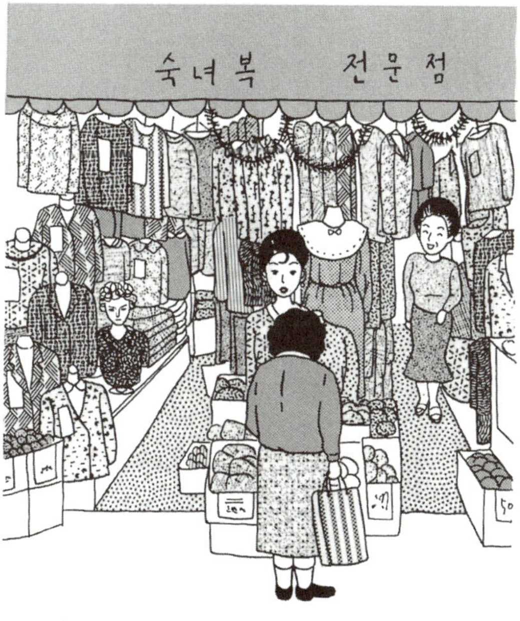

열심히 접객한다고 생각하는 주인. 그러나 단골 손님 접객은 처음 오는 손님을 멀어지게 한다.

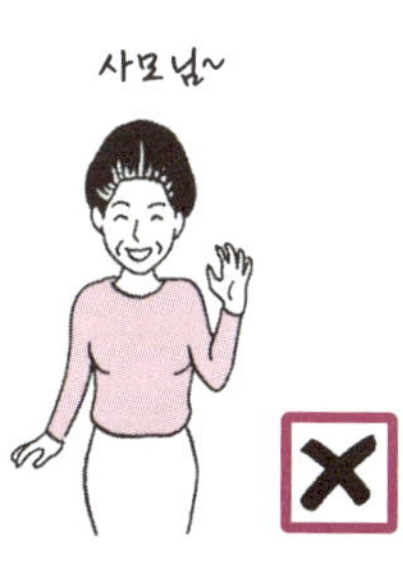

 ## 편의점에 손님을 빼앗긴 과자점

　상점가가 쇠퇴하기 시작하자 가게 주인들은 가게가 낡아도 좀처럼 새롭게 고치려고 하지 않았다. 그러기엔 부담이 컸기 때문이다. 특히 규모가 작은 과자점은 접객 방식에서나 구조적으로나 옛날 모습 그대로 남아 어른들의 향수를 불러일으키는 존재가 되었다.

　이 가게도 예전에는 많은 아이들로 붐볐지만 지금은 하루에 손꼽을 수 있을 만큼의 손님만 찾아온다. 그렇지만 주인은 몸이 허락하는 이상 계속해서 가게를 운영해 나갈 생각이다.

건강이 허락하는 한 가계를 계속할 생각인 주인. 손해를 보더라도 아이들에게 도움이 되고 싶다.

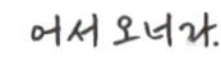

손님의 선택에 대응하지 못하는 전통 과자점

이 가게는 전형적인 '점원 공간이 좁은 유인형 가게'로, 단골 손님 이외에는 들어가기가 매우 어렵다. 단것을 파는 가게가 많지 않았을 때는 손님이 종종 찾아왔지만 패스트푸드점과 슈퍼, 편의점 등이 생기면서 손님이 줄었다. 결국 가게 앞을 지나다니는 사람은 많아졌지만 매상은 예전보다 떨어졌다. 경쟁력 있는 상품을 개발하거나 낯선 손님 접객에 유리하게 가게를 개장하면 좋겠지만 부담이 커서 좀처럼 손대지 못하고 있다.

좀처럼 인기 있는 신제품이 없어서 예전의 대표 상품에 의지하고 있지만 시간이 갈수록 단골 손님마저 줄어들고 있다.

 내부가 보이지 않아 들어가기 어려운 옷 가게

처음 이 가게가 생겼을 때만 해도 멋쟁이 주부들 사이에 인기가 많아서 입소문을 듣고 찾아오는 새로운 손님들로 발길이 끊이지 않았다. 그러나 근처에 대형점이 생기면서 손님이 줄기 시작했고, 최근에는 매우 한정된 단골 손님만이 이 가게를 찾고 있다. 밖에서는 내부가 보이지 않는 이 가게의 구조가 손님들에게는 점원이 단골 손님 접객을 해 올 것이라는 부담으로 작용한 것이다.

패션 감각만큼은 누구에게도 뒤지지 않는다고 생각했는데 손님이 갈수록 줄어든다. 적은 단골이라도 늘리기 위해 매일 고민하고 있다.

 ## 가게 주인의 스타일을 고집하는 구두 가게

　상점들 가운데는 몇 번씩 개장을 하는 가게가 있는 반면 전혀 그렇지 않은 가게도 많다. 대부분 개인이 운영하는 가게라 주인 마음대로 결정하려는 성향이 매우 강하다. 그래도 상점가가 번성하던 때는 조합에서 개장을 적극적으로 권유하기도 했지만 지금은 그런 노력마저도 사라졌다. 이 가게도 예전과 똑같은 구조에서 과거의 상품을 그대로 팔고 있다. 매상이 점점 줄고 있지만 그럭저럭 생활이 유지되고 있기 때문에 개장을 하거나 새 상품을 들여놓으려는 움직임은 없다.

유행이 지난 상품을 예전 방식 그대로 팔고 있는 가게. 매상은 점점 떨어지지만 빚을 내서 굳이 가게를 개장할 생각은 없다.

 ## 나이 든 주인이 운영하는 가방 가게

아래에 있는 두 가게의 주인은 모두 나이가 들었지만 가게를 물려
줄 만한 후계자가 없다. 젊었을 때부터 가게 앞에 나가 장사를 하는
습관이 몸에 밴 위 가게의 주인은 지금도 그렇게 하고 있다. 요즘은
지나가는 낯선 손님에게 인사를 건네는 일이 주요 일거리가 되었다.
아래 가게의 주인 역시 가게의 나와 있어도 꾸벅꾸벅 조는 일이 많
다. 손님이 많진 않지만 다른 직장을 구할 수 없다는 것을 잘 알기에
계속해서 가게를 운영해 나갈 생각이다.

가게 앞에 나와 서 있지 않으면 장사하는 기분이 들지 않
는다.

이제 나이가 들어 다른 곳에서는 일할 수 없지만 이곳에
서는 가능하다.

 **귀금속 가게**

  귀금속은 특히 구경하기 힘든 상품이었지만 그래도 상품의 파워가 강해서 예전에는 어느 정도 판매가 이루어졌다. 아래 두 가게는 오랫동안 같은 구조와 접객 방식으로 영업을 하고 있다. 예전에는 그나마 손님이 있었지만 근처에 대형점과 쇼핑 센터가 생기자 손님은 바로 줄어들었다. 그러나 이 가게의 주인들은 아직까지도 같은 방식으로 영업을 계속하고 있다.

물건을 도둑 맞을까 봐 걱정이 되어서 무의식 중에 손님을 지켜보게 된다.

단골 손님밖에 찾아오지 않지만 이제 와서 가게를 개장할 생각은 없다.

 ## 구조와 접객 방식이 모순된 문방구

　문방구에는 상품 수가 많고 값싼 상품이 많아서 비교적 일찍부터 셀프에 가까운 방식을 도입했다. 이 문방구도 통행량이 감소하면서 손님이 점차 줄어들자 가게를 개장하고 상품도 아이들이 좋아하는 걸로 바꾸었지만 근본적으로 접객 방식은 바꾸지 않았다. 이처럼 구조는 셀프 판매에 적합한데 점원이 적극적으로 접객을 해 오면 마음 놓고 상품을 구경하기가 어렵다.

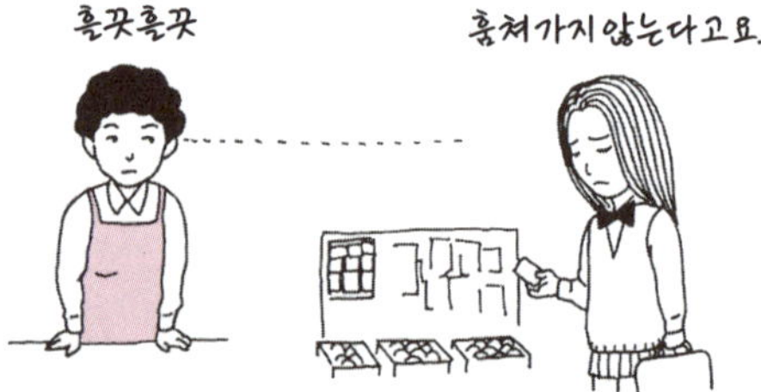

셀프 판매 방식으로 가게를 개장했지만 물건을 도둑맞을까 봐 걱정이 되어 자신도 모르게 접객을 하게 된다.

 ## 단골 손님 접객을 하는 주류 판매점

일본에서는 주류를 판매하기 위해서는 면허가 있어야 한다. 이로 인해 주류 판매점의 경우에는 다른 상품을 파는 가게들에 비해 경쟁이 덜 심한 편에 속했다. 대신 다른 업종에 비해 구식 구조와 접객 방식을 그대로 고수하는 가게가 많았다는 것이 문제다. 분위기를 전환하고 손님을 끌어들이기 위해 개장을 한 곳도 많았지만 과거의 접객 습관이 몸에 밴 점원들은 새로운 판매 방식에 쉽게 적응하지 못하고 이전의 접객 방식을 그대로 유지했다.

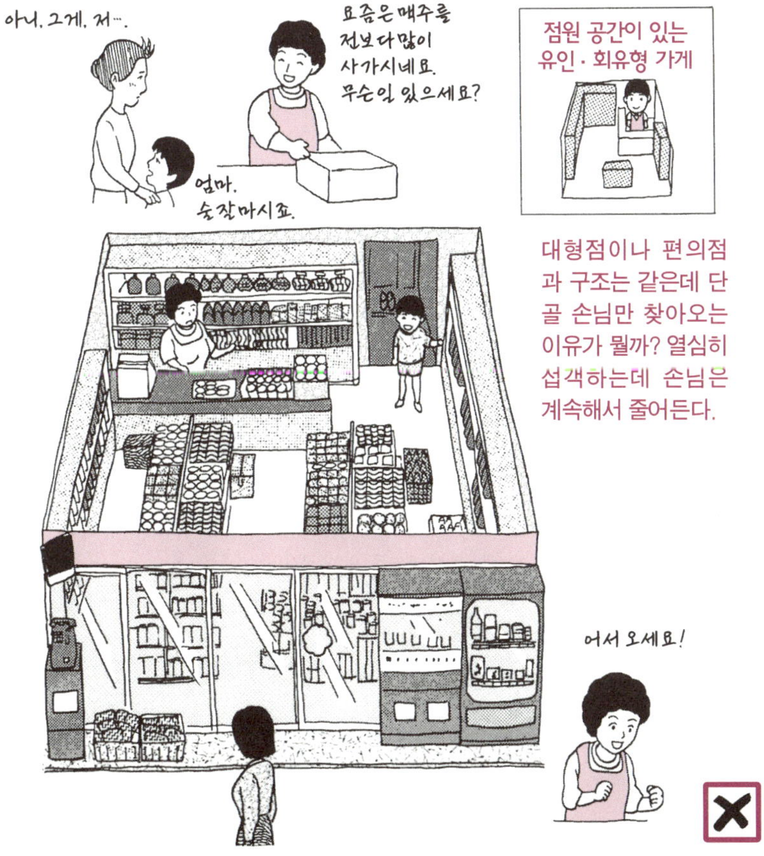

대형점이나 편의점과 구조는 같은데 단골 손님만 찾아오는 이유가 뭘까? 열심히 접객하는데 손님은 계속해서 줄어든다.

이 가게도 종래의 어둡고 컴컴한 분위기를 전환하기 위해 많은 돈을 들여 편의점과 같은 구조로 개장을 했다. 하지만 가게 안쪽이 주거 공간과 연결되어 있기 때문에 점원은 항상 점원 공간을 지키지 않는다. 손님이 없을 때는 가게와 연결된 주거 공간에 들어가서 개인적인 일을 보거나 휴식을 취하는 등 자유 시간을 갖는다.

그러다 손님이 오면 가게로 나온다. 게다가 개장하기 전과 마찬가지로 여전히 단골 손님 접객을 하고 있기 때문에 막상 손님이 들어오더라도 마음 놓고 자유롭게 가게 안을 둘러보기가 불편하다. 하지만 이 가게의 점원은 아직도 자기 가게가 편의점처럼 잘되지 않는 이유를 모르고 있다.

 살 마음이 있는 손님만 찾아오는 쌀 가게

많은 손님들로 붐비던 때는 채소 가게, 정육점, 두부 가게 등 이른바 업종에 따라 가게가 나누어져 있었다. 지금도 대부분의 쌀 가게는 예전과 같은 구조와 판매 방식으로 영업을 계속하고 있다.

일본에서는 주류와 마찬가지로 쌀도 면허가 있어야만 팔 수 있었기 때문에 다른 업종에 비해 그나마 경쟁이 덜 심한 편이었다. 하지만 결과적으로는 바로 이 점이 쌀 가게의 변화와 개혁을 늦춘 요인이 되었다.

쌀 가게는 예전부터 쌀을 사려는 마음이 확실히 있는 손님만 찾아오는 가게였다. 그랬기 때문에 쌀 가게의 점원은 당연히 단골 손님 접객을 할 수밖에 없었다. 손님들은 부피가 크고 무거운 쌀을 집까지 배달해 주는 쌀 가게의 서비스를 좋아했다. 교통 수단이 없거나 여성 혼자 들기엔 무거운 쌀을 배달해 주는 쌀 가게의 서비스에 만족한 것이다.

　그러나 슈퍼마켓의 등장으로 손님이 좋아하는 쌀을 필요한 만큼, 또 언제든지 살 수 있게 되자 손님들은 일부러 쌀을 사기 위해 쌀 가게에 갈 필요를 느끼지 못하게 되었다. 당연히 손님들은 슈퍼로 옮겨 갔고 이 가게의 손님은 자연히 줄어들었다. 지금은 제한적인 손님만 찾아오는 쇠퇴한 가게가 되었다.

할인점에서 쌀을 판매하면서 매상이 급격이 떨어졌다. 하지만 이제 와서 업종을 변경할 수는 없다.

맛은 있지만 손님은 끌지 못하는 정육점

위 가게는 신선하고 질 좋은 고기로 한때 인기를 끌던 정육점이다. 아래 가게는 수제 튀김으로 유명했던 정육점의 모습이다. 맛과 질이 똑같음에도 불구하고 손님이 눈에 띄게 줄어들었다. 이유가 무엇일까?

맞벌이 부부가 많아지면서 쇼핑 방식도 크게 바뀌었다. 예전의 주부들은 저녁때가 되면 반찬을 사러 시장에 갔지만 지금은 주말을 이용하여 부부가 함께 차로 먼 곳에 있는 슈퍼에 가 한꺼번에 물건을 구입한다. 그로 인해 예전에는 손님에게 친숙했던 가게가 멀어진 것이다.

 ## 셀프서비스 방식에 밀린 상점가의 생선 가게

신선함이 생명인 생선 가게는 상점가에서도 가장 활기 넘치는 가게 가운데 하나였다. 그러나 슈퍼와 쇼핑 센터 등에서 신선한 생선을 싸면서도 대량으로, 그것도 셀프 방식으로 판매하기 시작하면서부터 손님이 점점 줄어들었다. 점원의 목소리에서도 점점 활기가 사라졌다. 예전에는 주로 주부와 생선 가게 주인이 서로 이야기를 주고받으며 물건을 사는 것이 일반적이었지만 지금은 남녀를 불문하고 손님이 자유롭게 상품을 둘러보고 사는 것을 당연하게 여긴다.

손님이 줄면서 물건을 풍부하게 갖춰 놓지 못하게 되었다. 상품 양이 적어지면서 손님이 더욱 줄었다.

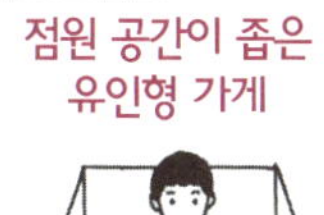

가게를 물려받아 운영해 나갈 사람이 없는 가게는 주인이 나이가 들면 어쩔 수 없이 쇠퇴한다.

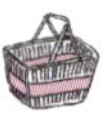

깊은 인간관계를 피하게 된 채소 가게

채소 가게 앞에서 점원과 주부가 이야기를 주고받는 모습은 어디에서나 쉽게 볼 수 있는 풍경이었다. 그런데 슈퍼마켓에서 직접 채소를 고르고 살 수 있게 되자 손님들은 그쪽으로 발길을 돌렸다. 채소 가게의 점원과 대화를 주고받는 것을 즐기던 주부들도 점원의 존재를 신경 쓰지 않아도 되는 슈퍼마켓의 매력에 강하게 이끌렸다. 손님과 인간관계를 맺는 것이 점원에게는 자랑이었지만, 손님에게는 에너지 소모가 많은 일이었던 것이다.

점원 공간이 없는 접촉·유인·회유형 가게

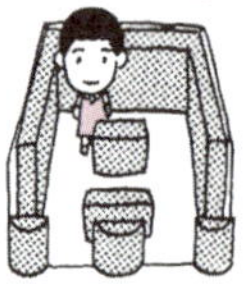

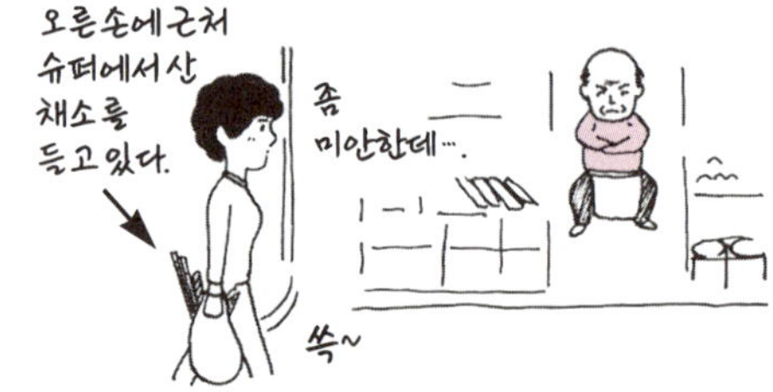

기운 넘치던 주인은 이제 나이가 들었고, 손님은 계속해서 줄고 있다. 최근에는 손님들에게 위로를 받고 있다.

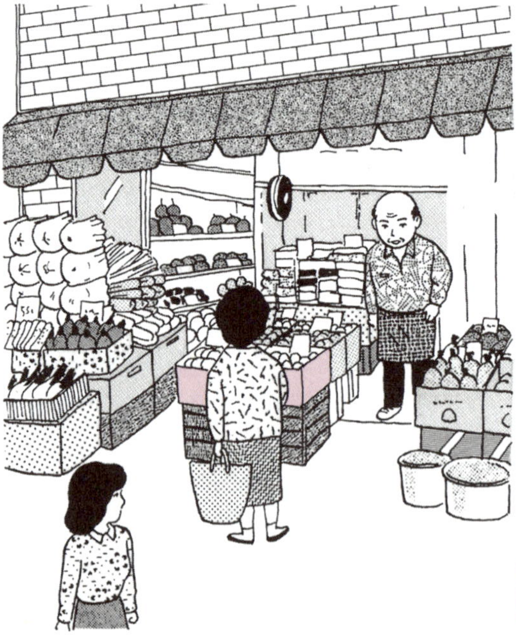

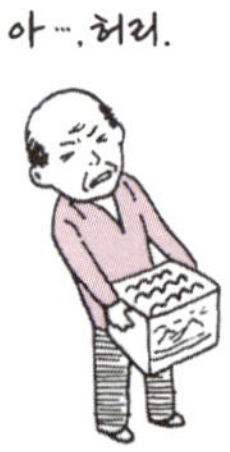

잘 알기 때문에 오히려 피하게 되는 약국

약국 주인은 보통 손님들에게 '선생님'이라고 불리며 신뢰를 받았지만 약국이 급증하면서 손님들은 약국을 구분하게 되었다. 특히 숨기고 싶거나 말하기 곤란한 증세가 있을 때는 조금 멀리 떨어진 약국을 이용했다. 그러던 중 대규모에 셀프 방식으로 판매하는 약국이 등장하자 손님들은 그곳으로 옮겨갔다. 적극적인 상담이 오히려 손님에게는 큰 부담으로 작용했던 것이다.

예전에는 많은 손님들이 건강 상담을 해 왔지만 지금은 눈에 띄게 줄어들었다.

가게 주인이 나이를 든 만큼 손님들도 나이가 들어 손님 수가 점점 줄어들고 있다.

 **상권 확대로 손님을 잃은 완구점**

　자동차의 대중화로 교외에 쇼핑 센터와 대형점이 생기자 쇼핑 방식도 변했다. 특히 자유롭게 물건을 만져 볼 수 있는 대형점의 장난감 가게는 아이들의 마음을 완전히 빼앗아 갔다. 지금은 장난감을 마음대로 만져 보고 살 수 있지만 과거에는 그렇지 않았다. 아이들에게 있어 동네 완구점은 상당히 흥미로운 공간이긴 했지만 물건을 만져 볼 수 없는 완구점은 결국 쇠퇴하고 말았다.

한때는 상점가의 번영을 주도하던 전자제품점

한때 전자제품점은 상점가의 번영을 주도한 공간이었다. 거리의 화려함 자체라고 할 정도로 TV나 세탁기, 라디오 등은 사람들의 관심을 끌기에 충분했다. 하지만 오랫동안 가게의 구조와 접객 방식이 그대로 유지되면서 손님들은 부담을 느끼기 시작했고, 전자제품점도 쇠퇴의 길에 들어섰다.

과거에는 전자제품이 가진 상품의 파워가 강했고 또 물건도 풍부하지 않았기 때문에 특별히 가게의 구조나 접객 방식을 바꾸지 않더

한때는 상점가의 꽃이었던 전자제품점. 하지만 지금은 오랜 단골만이 수리를 위해 간간이 찾아오고 있으며, 주인도 많이 늙었다.

라도 계속해서 손님이 찾아왔다. 그러나 근처에 슈퍼나 대형점이 등장하면서 손님들은 이제까지 이용하던 전자제품점에 불편을 느끼기 시작했다. 게다가 할인점의 등장으로 자유로우면서도 싼 가격에 전자제품을 살 수 있게 되자 손님들은 서서히 상점가의 전자제품점을 떠나 조금 멀리 있더라도 마음 편히 구경하고 선택할 수 있는 대형점으로 옮겨갔다.

이에 상황이 어려워진 상점가의 가게들은 대형점으로 옮겨간 손님을 다시 끌어 모으기 위해 더욱 적극적으로 단골 손님 접객에 힘을 쏟았다. 하지만 이는 결국 손님들을 부담스럽게 하고 에너지 소모량만 더 증가시켜 더더욱 손님을 멀어지게 하는 결과를 낳았을 뿐이다.

 경쟁점의 증가로 고전을 면치 못하는 사진관

한때 사진관은 그 동네 사람들의 생일이나 입학, 졸업, 성인식, 결혼, 고희, 희수 등 오랫동안 간직하고 싶은 가족의 다양한 행사를 추억으로 남겨 준 고마운 공간이었다.

카메라가 널리 보급된 뒤에는 현상과 프린트를 통해 가족의 소중한 추억을 남겨 주었다. 그러나 시대가 변하여 약국이나 편의점 등에서도 사진을 현상해 주는 업무를 대행하기 시작하면서 사진관의 매력이 떨어지기 시작했다. 이와 동시에 사진관들 사이에는 치열한 경쟁이 벌어졌다.

문제는 카메라나 필름을 사려는 손님들의 관심이 이제는 동네에 있는 사진관이 아니라 이것저것을 갖추고 있는 도시의 할인점으로 옮겨갔다는 데 있었다.

심지어 과거에는 사진관을 이용하던 손님들도 이제는 가격이 싸고 아무 간섭도 받지 않고 자유롭게 현상과 프린터를 할 수 있는 대형 할인점으로 발길을 돌리고 있다. 특히 사생활을 보호받고 싶어 하는 손님들에게 단골 손님 접객을 여전히 고수하는 이 가게의 접객 방식은 부담스러울 수밖에 없다.

이 가게의 주인은 가족의 소중한 행사를 담은 필름을 가지고 오던, 고정적인 손님이 있던 시절이 그립다.

어릴 적 모습을 사진으로 남겨 준 아이들도 어른이 되자 다른 곳으로 가 버렸다. 고정적으로 찾아오는 손님이 있던 시절이 그립다.

 **단골 손님마저도 떠나간 침구점**

침구는 부피가 큰 상품으로, 예전에는 대개 침구류를 동네에서 구입했다. 그래서 침구점 주인은 손님 가족의 구성원 변화를 잘 알고 있었다. 그런데 점원을 신경 쓰지 않으면서도 물건을 자유롭게 살 수 있는 슈퍼와 쇼핑 센터가 등장하자 손님들을 곧 그쪽으로 옮겨갔다.

이 가게의 주인은 비록 예전에 비해 매상도 많이 떨어지고 뒤를 이어 가게를 운영해 나갈 사람도 없지만 그럭저럭 상황에 만족하며 가게를 운영해 나가고 있다.

오랫동안 가게를 운영해 왔지만 가게를 물려줄 사람이 없다. 손님이 한 명도 오지 않는 날도 있지만 잘 되는 날도 있어서 그럭저럭 운영해 가고 있다.

 주인의 상황 때문에 손님이 들어가기 어려워진 스포츠 용품점

상점가의 가게들 가운데는 점원이 보이지 않는 가게가 많다. 이는 가게와 주거 공간이 연결되어 있어서 손님이 없을 때는 그곳에서 점원이 자기 일을 보거나 휴식을 취하고 있기 때문이다. 이 가게도 주인의 건강 문제로 오랫동안 휴업을 했다. 물건을 사기 위해 찾아왔던 손님들은 처음에는 '문을 열면 사야지.' 하고 참았지만 휴업이 지속되자 다른 가게로 옮겨갔다.

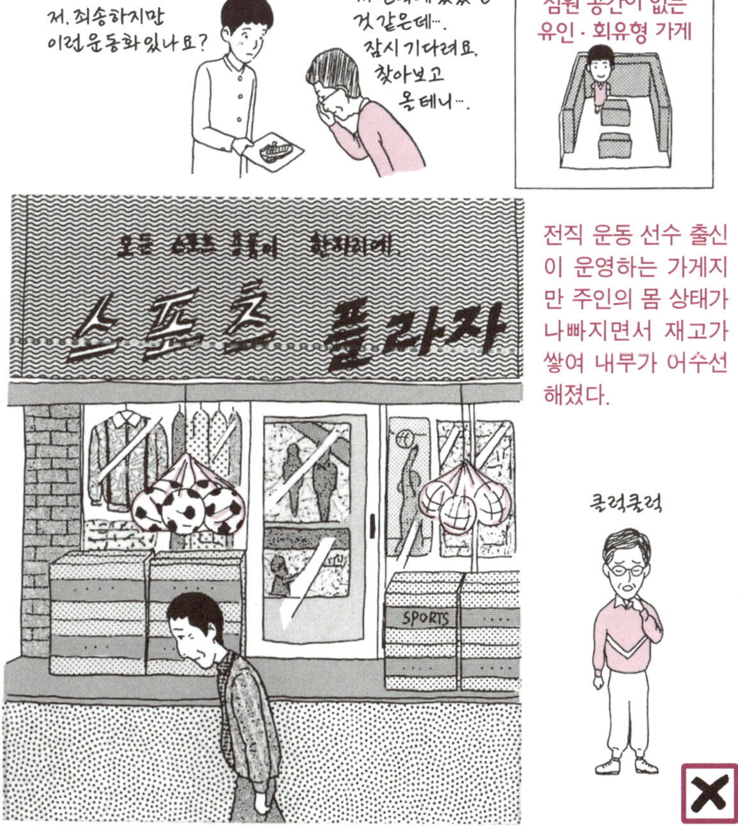

전직 운동 선수 출신이 운영하는 가게지만 주인의 몸 상태가 나빠지면서 재고가 쌓여 내부가 어수선해졌다.

 ## 자동 판매기가 많은 상점가의 가게

상점가의 가게 앞에는 가게 문을 닫은 이후나 휴일에도 손님들이 쉽게 이용할 수 있도록 자동 판매기를 놓아두는 경우가 많다.

이 가게의 주인도 가게에서의 매출보다 자동 판매기를 통해 파는 매상이 높아지자 판매기를 추가로 설치했고, 그로 인해 가게 안의 물건은 더욱 팔리지 않는 악순환에 빠져들었다. 자동 판매기가 좋은 것만은 아니라는 것은 알고 있지만 어떻게 해서든 매상을 만회해 보려는 마음이 이런 결과를 낳고 만 것이다.

가게서서 물건을 사는 손님은 줄어들었지만 자동 판매기에 의한 매상은 오히려 늘었다.

자동 판매기를 이용하는 손님은 늘었어도 인간관계를 맺지 않기 때문에 삭막하다.

쇠퇴하는 대형점과 번성하는 대형점

 **상점가화(商店街化) 되기 쉬운 가게의 3공간**

대형점이 등장하면 상점가는 자연히 정체하거나 쇠퇴한다. 이런
특징을 '상점가화' 라고 하자.

상점가화 되기 쉬운 가게 구조

유인형 가게 (점원 공간이 좁은 경우)	접촉형 가게 (점원 공간이 좁은 경우)
접촉 · 유인 · 회유형 가게 (점원 공간이 없는 경우)	유인 · 회유형 가게 (점원 공간이 없는 경우)

정체나 쇠퇴하고 있는 가게의 구조로는 '점원 공간이 좁은 접촉형 가게', '점원 공간이 좁은 유인형 가게', '점원 공간이 없는 유인·회유형 가게', '점원 공간이 없는 접촉·유인·회유형 가게'가 있다.

 상점가화 되기 쉬운 가게의 점원 행동

이런 가게에서는 상점가에서 흔히 볼 수 있는 손님을 멀어지게 하는 점원의 행동이 나타난다. 가게 앞에 가만히 서 있거나 손님이 들어오는 즉시 접객을 하고 휴식을 취하거나 차를 마시는 행동이 눈에

단골 손님 접객이 많아지면 상점가화 된다.

점원 공간이 사적인 공간이 되면 상점가화 된다.

띄는 대형점은 상점가화 될 가능성이 높아서 경쟁점이 나타나면 바로 손님을 빼앗긴다.

 **상점가화 된 대형점은 손님을 멀어지게 한다**

대형점은 밖에서 보면 규모가 굉장히 크지만 막상 안으로 들어가 보면 많은 가게들로 들어차 있다. 이런 곳에서는 각 가게의 구조와 점원의 행동이 대형점 전체에 큰 영향을 끼친다.

아래 그림은 대형점의 일부분으로 부인복, 패션 잡화, 핸드백 매장 등 5개 정도의 가게가 나란히 붙어 있다. 이들 가게는 모두 규모가 작고 '점원 공간이 없는(혹은 불확실한) 접촉·유인·회유형 가게'다.

좁은 가게가 여러 개 모여 있으면 상점가화 되기 쉽다.

각 공간에 한 명 내지 두 명의 점원이 서서 손님이 오기를 기다리고 있다. 이런 작은 가게에서는 아무래도 손님을 멀어지게 하는 점원의 행동이 나타나기 쉽다. 적극적인 점원은 가게 입구나 가게 안에 서서 손님을 기다리고, 그나마 덜 의욕적인 점원은 의자에 앉아서 손님을 기다린다. 그렇기 때문에 손님은 점원의 존재가 신경 쓰여서 좀처럼 가게 안으로 들어가지 못한다. 큰맘 먹고 가게 안으로 들어가도 점원이 즉각 접객을 해 오기 때문에 손님은 에너지 소모가 많은 쇼핑을 할 수밖에 없다. 그러면 결국 손님들은 이런 대형점을 피하게 된다.

 작은 가게가 많은 대형점은 오히려 손님을 멀어지게 한다

한때는 대형점 안에 작은 전문점들이 여러 개 들어서는 것이 유행이었다. 가능하면 가게 수를 많게 하여 손님에게 다양한 선택을 할

 그 지역의 가게들로 이루어진 가게는 상점가화 되기 쉽다.

수 있는 기쁨을 주기 위함이었다. 왼쪽에 나오는 그림은 반은 주요 가게로 구성되어 있고 반은 전문 소형 가게들로 구성되어 있는 대형점의 모습이다.

왼쪽의 대형 매장 쪽은 칸막이가 없어서 넓은 데다 완벽한 '점원 공간이 있는 접촉 · 유인 · 회유형 가게'의 구조를 하고 있다. 점원은 주로 점원 공간에 있다가 손님이 요구를 해 오면 접객을 하는 낯선 손님 접객을 한다. 이쪽은 옷 가게지만 기본적으로 셀프 판매 방식으로 물건을 판매한다.

이에 비해 전문 소형 가게가 많은 오른쪽은 가게마다 칸막이가 세워져 있어서 탁 트인 느낌이 전혀 들지 않는다. 구조 역시 '점원 공간이 없는 유인 · 회유형 가게'와 '점원 공간이 없는 접촉 · 유인 · 회유형 가게'가 많다.

이와 같이 작은 가게의 점원은 대부분 그 가게의 주인이라 손님은 언제나 단골 손님 접객을 받게 된다. 이런 가게에서는 손님의 에너지 소모량이 많기 때문에 손님들은 왼쪽에 있는 대형 매장 쪽으로는 가도 오른쪽에 있는 소형 가게로는 가지 않는다. 밀집해 있는 작은 가게가 결국 대형점 자체의 매력을 떨어뜨리고 있는 것이다. 이런 상태에서 근처에 다른 대형점이 들어서기라도 한다면 손님들이 그곳으로 옮겨갈 가능성은 매우 크다.

 ### 상점가화 되지 않는 가게의 3공간

반대로 상점가화 되지 않는 가게의 구조는 '점원 공간이 넓은 접촉형 가게', '점원 공간이 넓은 유인형 가게', '점원 공간이 있는 유인·회유형 가게', '점원 공간이 있는 접촉·유인·회유형 가게' 이렇게 4종류다. 이런 가게들의 특징을 살펴보면 삼정가화 되기 쉬운 가게에 비해 일반적으로 규모가 크고 대부분의 가게가 점원 공간을

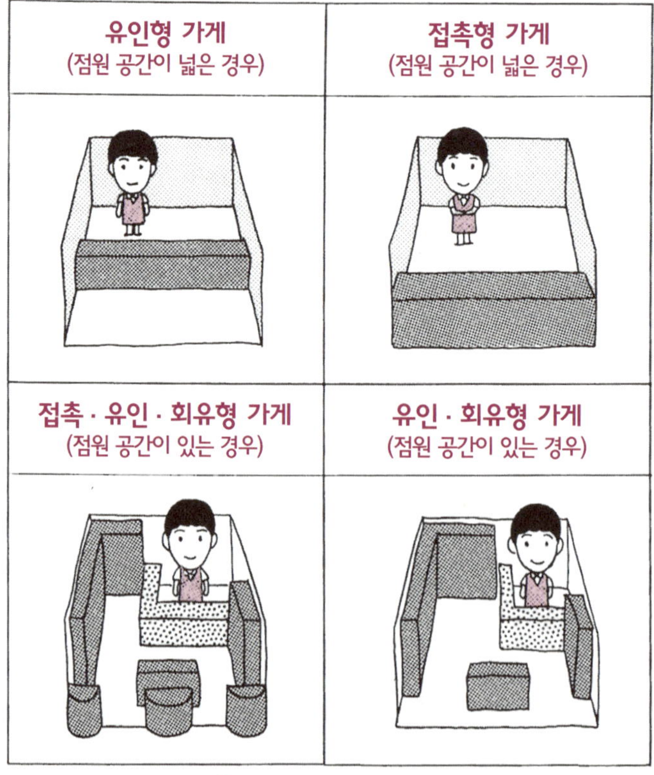

중요시하며 손님 공간과 점원 공간이 확실히 구분되어 있어서 점원의 세력권 주장이 약하다.

 상점가화 되기 어려운 가게의 점원 행동

이런 가게에서는 쇠퇴하는 상점가의 점원에게서 볼 수 있는 행동들이 거의 나타나지 않는다. 점원 공간이 넓은 접촉형 가게와 유인형 가게의 점원들은 넓은 점원 공간에서 접객과 작업을 함으로써 손님을 끌어 모은다. 또 점원 공간이 있는 유인·회유형 가게와 접촉·유

점원이 접객 또는 작업을 하는 가게는 상점가화 되지 않는다.

낯선 손님 접객은 낯선 손님을 끌어들인다.

인·회유형 가게의 경우에는 점원은 대부분 점원 공간 있으면서 손님이 말을 걸어온 다음에야 접객을 시작한다. 또한 모든 가게가 낯선 손님 접객을 하며 점원이 가게 안에서 휴식을 취하거나 차를 마시는 일은 거의 없다. 오히려 점원은 가게에 있는 동안은 기본적으로 뭔가 작업을 한다.

 낯선 손님을 끌어들이기 쉬운 대형점

상점가화 되기 어려운 가게들로 구성되어 있는 대형점은 그만큼 상점가화 될 가능성이 적다. 아래의 그림은 한 대형점의 일부로 부인

 넓은 가게가 여러 개 모여 있으면 상점가화 되지 않는다.

복 매장과 패션점, 잡화점이 나란히 들어서 있는 모습이다. 이 세 곳을 관찰해 보면 모두 규모가 크고 '점원 공간이 있는 접촉 · 유인 · 회유형 가게'의 구조라는 것을 알 수 있다.

이와 같은 가게의 점원은 완벽하게 낯선 손님 접객을 한다. 상품을 가지고 계산대로 가지고 가거나 먼저 말을 걸지 않는 이상 점원이 접객을 해 오지 않는다는 것을 알기 때문에 손님은 자유롭게 상품을 살펴볼 수 있다.

상점가화 된 가게의 점원은 바뀌는 일이 드물어서 점원과 손님이 서로 얼굴을 알고 지내는 경우가 많지만 이와 같은 가게의 점원은 주로 젊은 사람이나 아르바이트생이고, 바뀌는 경우도 많기 때문에 점원과 손님이 알고 지내는 일은 드물다. 바로 이 점이 한층 더 낯선 손님 접객을 하게 만든다. 이처럼 잘 알지 못하는 점원이 낯선 손님 접객을 하는 대형점은 손님에게도 매력적이라 더 많은 손님을 끌어 모으는 데 유리하다. 게다가 물건에 관심을 보이는 손님들로 인해 또다른 손님을 끌어들이는, 즉 손님이 손님을 불러 모으는 파워도 강하다. 이는 결국 세력권을 해제시켜 손님이 들어가기 쉬운 가게를 만들어 준다.

결론적으로 대형점 안에 있는 가게들의 상점가화를 막는 일은 곧 대형점 전체의 매력을 유지하는 일과 연결된다.

04

대형점 시대의 서비스

손님에게 제공하는 서비스의 변화

손님에 대한 가게의 서비스 방식은 시대에 따라 변화해 왔다. 지금은 당연시되는 서비스가 한때는 실례되는 행동으로 여겨지던 때도 있었다. 이처럼 손님에 대한 가게의 서비스는 시대와 환경에 큰 영향을 받는다.

지금은 점원이 가게 입구나 가게 안에 가만히 서서 손님을 기다리거나 빠른 접객을 하는 것을 손님을 멀어지게 하는 행동이라 생각하지만 한때는 그것이 반드시 필요한 서비스라고 생각하던 때도 있었

손님을 기다리는 자세는 구입할 의사가 확실한 손님에 대한 서비스다.

다. 상품의 양이 적어서 누구에게나 충분하게 보급되지 않았던 시대에는 가게에 진열된 모든 상품이 손님들의 관심 대상이었다. 당시에는 일반적으로 물건을 사고 싶어도 살 수 없었기 때문에 손님들은 진열장에 진열된 물건을 밖에서 보고 그냥 지나가야 했다. 손님이 가게 안으로 들어간다는 것은 상품을 구입할 의사가 있고, 이미 그렇게 할 준비가 되었다는 뜻으로, 물건을 확실히 산다는 의미였다. 그랬기 때문에 그 시대에는 점원의 접객을 받지 않고 물건을 구입한다는 것은 생각할 수 없었다. 그로 인해 점원은 항상 바른 자세로 손님이 오기를 기다리다가 손님이 오면 바로 "어서 오세요."를 외치며 접객을 하라는 교육을 받았던 것이다.

특히 손님이 가게 안에 들어왔는데도 점원이 접객을 하지 않는다는 것은 '어차피 사지 않을 손님이니까 접객할 필요가 없다.'고 생각

구입할 의사가 없는 손님은 가게에 들어가기가 부담스럽다.

하는 것으로 인식되었기 더욱더 접객에 힘을 쏟았다.

또한 처음부터 물건을 구입하기 위해 가게에 들어간 손님 역시 점원에게 무시당하는 것을 싫어한다고 생각했기 때문에 가능하면 빨리 단골 손님 접객을 하라고 교육받았다.

점원의 입장에서도 물건을 구입하지 않을 손님으로 인해 상품에 흠집이 나거나 더러워져서 실제로 물건을 구입할 손님에게 폐를 끼치는 일을 방지하기 위해 손님이 마음대로 물건을 만져 보거나 살펴보지 못하게 해야만 했다. 그래서 손님이 오면 바로 접객을 하고, 아이 쇼핑만 하러 온 손님을 지켜보았던 것이다.

이 당시에는 가게 앞에서 '아이 쇼핑 손님 사절'이란 문구를 보는 것이 별로 특별한 일이 아니었다. 이러한 서비스는 주로 동네 단골 손님을 대상으로 하는 작은 가게의 접객 방식에서 발달했다. 그런 가게에는 주로 물건을 확실히 구입하려는 손님이 찾아오는 경우가 많고 손님도 대부분 평소에 잘 알고 지내던 사람이었기 때문에 기왕이면 빨리 접객을 할 필요가 있었던 것이다.

이처럼 가게의 수와 상품의 양이 적었던 시대에는 실제로 구입할 손님만을 대상으로 장사를 했다. 그래서 물건을 구입할 손님과 구입하지 않을 손님을 확실하게 구별하여 구입할 손님만을 대상으로 친절하게 접객하는 것을 중요한 서비스라 생각했다.

가게는 오랫동안 물건을 구입할 손님만을 대상으로 장사를 해 왔다. 손님 역시 물건을 구입할 의사가 없는 경우에는 가게 밖에서 아이 쇼핑만 하고 지나갔다. 곧 셀프 판매 방식의 슈퍼마켓이 등장했지만 여전히 가게는 물건을 구입하려는 의사가 확실하지 않은 손님은 가게 안으로 들이려고 하지 않았다.

슈퍼는 이전까지 흩어져 있던 야채 가게나 생선 가게, 과일 가게, 과자 가게 등의 상품을 한곳에 모아 효율적으로 판매하려는 목적에서 생겨났다. 손님들은 셀프서비스 방식으로 판매를 하는 슈퍼에서 물건을 사는 것이 특별히 쉽다기보다는 여러 가게에 둘러서 따로따로 물건을 구입하는 것보다 편하다는 이유에서 슈퍼를 받아들였다.

자유롭게 상품을 구경하고 선택할 수 있는 셀프판매 방식

바로 그 점 때문에 슈퍼는 전국 각지로 급속하게 퍼져 나갔지만 업종의 셀프화는 바로 시작되지 않았다.

그런데 급격한 경제 발전과 함께 생활 방식의 변화로 사람들의 가치관도 변하기 시작했다. 깊은 인간관계를 기본으로 한 지역 사회와 대가족 제도가 차츰 무너지고 도시화가 진행되면서 인간관계에 대한 인식에도 변화가 일기 시작한 것이다.

당연히 판매 현장에서의 인간관계도 조금씩 변해 갔다. 상품이 풍부해지고 돈만 있으면 언제 어디서라도 필요한 물건을 구입할 수 있게 되자 손님들은 점원과의 인간관계를 통한 쇼핑에 대한 인식을 바꾸었다. 가능한 한 점원과 깊은 인간관계를 맺지 않고 마음대로 상품을 구경하고 물건을 구입하는 방식에 더 매력을 느끼게 된 것이다. 특히 손님들은 점원과의 깊은 인간관계를 맺는 일이 에너지가 많이

계산할 때만 점원의 접객을 받는다.

소모되는 작업이라는 것을 느꼈다.

　문제는 대부분의 가게에서 좀처럼 이와 같은 변화를 받아들이려 하지 않았다는 데 있다. 오히려 많은 점원들은 판매 경쟁이 심해지자 손님과의 인간관계를 한층 더 깊게 하여 기존의 손님을 잡거나 새로운 손님을 끌어들이려 했다.

　이런 상황에서 가게의 접객 방식이 본격적으로 변화하기 시작한 것은 판매 경쟁이 치열해지면서부터다. 가게들은 매상이 악화되어 궁지에 몰리자 이제까지의 규제와 상식을 타파하는 새로운 판매 방식을 생각해 내기에 이르렀다. 마치 창고와 같은 가게에 상품을 수북이 쌓아 두고, 손님이 오더라도 "어서 오세요."라는 인사를 건네지 않으며 상품에 대한 설명도 하지 않은 것이다. 살아남기 위해 어쩔 수 없이 그런 방법을 선택했던 것이다. 그런데 이런 판매 방식은 순식간에 손님을 다시 끌어 모았다. 손님에게는 그러한 판매 방식이 에너지가 가장 적게 소모되는 쇼핑 방법이었기 때문이다.

　이런 방식으로 물건을 판매하는 가게가 증가하면서 물건을 확실히 구입할 의사가 있는 손님뿐만 아니라 그렇지 않은 손님들까지도 자유롭게 가게 안으로 들어가 상품을 구경할 수 있게 되었다.

경쟁이 심해지면서 생겨난 서비스

많은 점원들은 자신이 손님에게 다양한 서비스를 제공하고 있다고 생각한다. 그러나 실제로 점원이 손님에게 제공하는 서비스는 손님의 입장에서 볼 때 항상 손님의 기분과 요구에 들어맞는 것은 아니다. 손님이 받으려고 하는 서비스란 대부분 점원이 능동적으로 제공하는 것이 아니라 결과로서 제공한 것이다.

예를 들면 동네에 하나뿐인 가게에서는 손님들에게 서비스를 제공하지 않는다. 점원이나 구조, 상품이 마음에 들지 않더라도 멀리 떨어진 곳까지 사러 가는 것보다 가까운 곳에서 사는 것이 유리하다는 걸 알기 때문이다. 그러다 가게가 하나 더 생겨서 두 곳이 되면 손님들은 기왕이면 에너지 소모량이 더 적은 가게에 가서 물건을 산다.

조금이라도 많은 손님을 끌어들이기 위해 손님 공간을 개방했다.

그때 어느 한쪽 가게에 상품이 풍부해서 손님이 몰린다면 다른 가게도 어쩔 수 없이 그 가게와 같거나 더 많은 상품을 갖추어 놓는다. 손님은 그때야 비로소 풍부한 상품 구성이라는 서비스를 받을 수 있다. 가게는 손님에게 서비스를 하려는 마음이 우러나서 서비스를 하는 것이 아니라 경쟁이라는 압력 때문에 서비스를 제공하는 것이다.

　상점가의 가게들은 경쟁을 하지 않는 업종의 가게들로 구성되어 있었기 때문에 손님들은 대부분 서비스를 받을 수 없었다. 그러던 중 근처에 새로운 상점가와 대형점이 등장하면서 비로소 상점가에서도 조금 나은 서비스를 받을 수 있게 된 것이다.

　가게의 구조나 접객 방식, 상품의 구성, 판매 가격이 비슷비슷한 편의점도 좁은 지역에 여러 개가 밀집해 있으면 손님은 보다 세련된 서비스를 받을 수 있다. 그러나 편의점도 근처에 경쟁점이 없을 때는

221

손님이 손님을 끌어들이는 파워를 유발하기 위해 상품 공간을 개방했다.

충실한 서비스를 제공하지 않는다. 이것은 주인에게는 매우 에너지 소모가 큰 행동이기 때문이다.

가게가 셀프화되기 시작한 것은 가게 사정에 의해서다. 물건을 살지 사지 않을지를 확실하게 결정하지 않은 손님이 가게 안을 자유롭게 둘러보거나 상품을 구경해도 좋다는 마음이 있었던 것이 아니다. 점원 수를 줄인 것이 결과적으로 손님에게 그러한 서비스를 제공하게 만든 것이고, 그런 가게가 손님을 끌면서 많은 가게가 셀프 판매 방식을 도입하게 된 것이다.

소매점 간의 치열한 경쟁으로 전국에 많은 대형점과 쇼핑 센터가 등장했다. 아마 앞으로는 쇼핑 센터 간에도 경쟁을 하는 시대가 될 것이다. 이로 인해 전국의 상점가는 점점 더 정체하고 쇠퇴하겠지만 손님의 입장에서는 한층 더 쇼핑이 쉬워질 것이다.

성공하는 가게의 법칙 26
경쟁이라는 압력이 손님에게 서비스를 제공하게 만든다.

대형점 시대의 서비스

 **대부분의 점원이 제공하지 못하는 손님 만족**

쇼핑에 대한 손님의 불만은 가게들 간의 경쟁으로 인해 조금씩 해소되어 왔다. 하지만 실제로 판매 현장에서 점원에게 받는 서비스가 대부분 만족할 만한 수준은 아니다. 점원이 대화를 통해 손님에게 서비스를 제공할 때는 아무래도 개인 차가 나게 마련이다. 이것은 앞에서 말한 행동 습관에 의해 좌우된다.

판매를 잘하는 사람들, 이른바 판매의 달인이라 불리는 사람들을

223

손님은 접객에 능숙한 점원을 만났을 때만 만족한다.

자세히 살펴보면 기민 습관이라고 하는 '행동 습관'이 공통적으로 나타난다. 그 행동 습관 때문에 그들은 크게 노력하지 않아도 세력권을 해제하는 행동을 할 수 있다. 기민 습관뿐만 아니라 근접 습관, 일점 주의 습관, 공격 습관, 협조 습관을 갖고 있는 사람은 전형적인 판매의 달인이다.

반대로 이러한 행동 습관을 갖고 있지 않은 많은 점원은 유감스럽게도 훈련을 해도 좀처럼 좋은 인상을 주기가 어렵다. 이미 알고 있는 상품에 대한 설명이나 조언을 해 주고, 불만을 능숙하게 처리하는 일은 매뉴얼이 있다고 해도 누구나 다 할 수 있는 일이 아니기 때문이다.

손님은 정말로 친절한 점원에게 상품을 추천 받거나 상담을 하고 싶어 하지만 그런 점원은 거의 없거나 많지 않다는 것을 잘 안다. 그렇기 때문에 대부분의 손님은 점원이 접객 행동을 해 오는 것을 피하려고 한다. 그러나 지금까지는 누구나 노력을 하면 인상 좋은 점원이 될 수 있다고 생각했기 때문에 단골 손님 접객을 해 왔다. 물론 손님에게는 그것이 큰 불만이었지만 말이다.

누구나 손님에게 만족을 줄 수 있다

손님은 낯선 손님 접객을 하는 가게에서는 점원의 존재를 신경 쓰지 않고 마음대로 자유롭게 상품을 둘러보거나 테스트해 본다. 그러다 살 마음이 생기거나 궁금한 것이 있으면 점원 공간에 있는 점원에게 가 물어보거나 말을 걸어 접객을 받는다. 그래서 점원이 다소 친절하지 않거나 적극적으로 접객을 해 오지 않더라도 불만을 갖지 않는다.

한편 점원도 손님이 주문을 해 오면 접객을 시작하는 낯선 손님 접객을 하게 되면 손님에게 언제, 어디서, 어떻게 말을 걸 것인지를 고민하거나 신경 쓰지 않아도 된다. 먼저 다가가서 말을 거는 것을 대부분의 손님이 싫어한다는 것을 잘 알고 있기 때문에 쓸데없는 일은 하지 않는 것이 효율적이라 생각하는 것이다.

특히 손님이 물건을 살지 사지 않을지를 아직 확실하게 결정하지 않은 상황에서 손님의 기분을 나쁘게 하는 행동이야말로 손님을 가장 멀어지게 하는 행동이다. 손님을 기분 좋게 하는 접객은 아무나 할 수 없지만 쓸데없는 접객을 하지 않는 일은 누구나 할 수 있다. 그러므로 철저하게 낯선 손님 접객을 하는 것이 중요하다.

225

낯선 손님 접객은 누가 하더라도 똑같은 만족을 줄 수 있다.

이익과 손해가 대립하는 현장에서의 인간관계

 **비싸게 팔고 싶은 점원과 싸게 사고 싶은 손님**

점원과 손님의 이해관계가 서로 대립 관계에 있다는 것은 상식적으로 보면 매우 당연한 일이지만 이전까지는 그 점을 별로 중요하게 생각하지 않았다. 주로 단골 손님을 대상으로 한 단골 손님 접객을 해서 점원과 손님의 입장이 다르다는 것을 그다지 중요하게 생각하지 않았기 때문이다.

이전까지의 접객 교육은 가게에 온 손님과 되도록 빨리 친해져서 그 관계 속에서 판매를 성사시키는 것을 중심으로 이루어졌다. 하지만 친구나 가족 간에도 인간관계를 유지하는 것이 어려운 상황에서 손님과 빠르게 친해지는 것으로 접객을 하고 물건을 파는 것은 결코 현명한 방법이 아니다. 판매에 뛰어난 몇몇 점원들에게는 이런 방법

자기 가게의 물건을 파고 싶어하는 점원과 여러 가게를 둘러보고 선택하려는 손님의 관계

이 익숙하고, 또 많은 사람들에게 통할지 몰라도 지금처럼 계속해서 대형점이 증가하는 상황에서는 접객 방식에도 큰 변화가 올 것이다.

　기본적으로 점원은 가능한 한 상품을 조금이라도 비싸게 팔고 싶어 하고 손님은 반대로 이것저것 살펴보고 조금이라도 싸게 사고 싶어 한다. 그래서 손님은 여러 군데를 둘러보고 가장 조건이 좋은 가게에서 상품을 사려고 하는 반면 점원은 어떻게 해서든 손님을 다른 가게에 뺏기지 않고 자신의 물건을 팔려고 한다. 이러한 차이는 곧 점원이 손님에게 끈질기게 접근해 오는 것으로 느껴지게 만든다.

 **에너지 최소 비용의 판매 vs 에너지 최소 비용의 쇼핑**

　점원과 손님의 행동을 더 자세히 관찰해 보면 양쪽 모두 에너지가 최대한 적게 소모되는 행동을 추구한다는 것을 알 수 있다.

227

가능하면 비싸게 팔고 싶은 점원과 되도록 싸게 사고 싶어 하는 손님의 관계

점원은 가능한 한 상품을 쉽게 팔고 싶어 하기 때문에 손님이 없을 때는 가게 안에 가만히 서서 휴식을 취하는 경향이 있다. 하지만 이것은 손님을 멀어지게 하는 전형적인 행동이다. 그러다 손님이 오면 접객을 시작하는데, 그때도 여럿이 함께 들어온 손님보다는 혼자 온 손님에게 다가가 접객을 하는 경우가 더 많다. 그러나 애써 접객을 했음에도 불구하고 손님이 물건을 사지 않고 그냥 나가거나 반대로 손님이 물건을 너무 많이 사서 자기가 할 일이 많아지면 별로 좋아하지 않는다.

손님 역시 가능한 한 편안한 방법으로 쇼핑을 하려고 한다. 손님은 귀찮은 점원과 부딪히지 않기 위해 손님이 없는 가게보다는 손님이 많은, 즉 손님이 손님을 불러 모으는 파워가 강한 가게를 선택한다. 또 점원이 바로 접객해 올 것 같은 가게보다는 접객해 올 가능성이 적은 셀프 판매 방식을 취하고 있는 가게에 들어가 상품을 구경한다.

그러나 지금까지는 이와 같은 점원과 손님의 행동을 확실히 몰랐기 때문에 서로에게 불만을 주는 판매 방식과 접객 방식이 계속해서 반복되어 올 수밖에 없었다. 그러나 앞으로는 지금까지의 판매 방식에서 탈피하여 점원과 손님 간의 인간관계를 가능하면 줄임으로써 문제점을 최소화하려고 할 것이다. 그렇게 함으로써 손님에게나 점원에게나 훨씬 사기 쉽고 팔기 쉬운 판매 방식을 찾으려는 노력이 전개될 것이다.

 친한 관계를 갖는 손님

판매 현장에서는 예전부터 손님을 중요하게 생각해 왔다. 특히 과거에는 대부분 잘 알고 지내는 동네 사람들이 손님이었기 때문에 무엇보다 원만한 인간관계를 유지하는 것이 중요했다. 좁은 지역 사회라서 조금이라도 좋지 않은 소문이 퍼지면 명예를 회복하기가 굉장히 힘들었기 때문이다. 그래서 점원의 머릿속에는 항상 물건을 사는 손님에게 감사하다는 사고방식이 있었다. 그러나 실제로 가게가 많지 않았던 시대의 손님들은 그 정도로 대단한 대접을 받지 못했다. 서로 알고 지내는 친한 관계라는 점에서는 대접을 받았을지 몰라도 '손님은 왕' 이라는 생각은 정착되기 않았기 때문이다.

229

경쟁점이 없었을 때의 손님은 소홀한 대접을 받았다.

 경쟁 속에서 생겨난 손님에 대한 사고방식

곧이어 가게들 간에 경쟁이 치열해지면서 경쟁점보다 더 많은 손님을 모으기 위해서는 손님이 중요하다는 생각을 하게 되었다. 경쟁점보다 나은 서비스를 제공하기 위해서 가장 먼저 생각한 것은 에너지 소모가 많은 이전 및 개장, 상품 구성의 변화가 아니라 비교적 실천하기 쉬운 점원 교육이었다. 가게 주인들을 책을 읽거나 강연회 등에 참석하여 손님이 중요하다는 사실을 알게 된 뒤 그것을 점원들에게 교육했다. 점원들이 '손님은 왕'이라는 사고방식을 갖게 되면 점원 교육을 하는 지도자로서는 일이 잘 풀리는 것이다.

이는 판매에 있어 인간관계를 한층 더 중시하는 결과를 낳았고, 장사란 일종의 정신 수양이라는 사고방식을 점점 더 강화해 주었다. 그 결과 점원들은 판매란 많은 만남을 갖는 멋진 일로, 손님과의 대화가

230

가게 간의 경쟁이 심해지면서 손님은 대접을 받게 되었다.

중요하다는 교육을 받았다. 그러나 그때는 손님에게 적극적으로 접객을 하는 것이 실제로는 손님에게 폐를 끼치는 행동이라는 것을 알지 못했다.

'손님은 왕'이라는 생각이 점원들의 머릿속에 차츰 자리잡아 갈 무렵 손님도 가게를 선택할 수 있게 되자 점원들의 지나친 접객에 불만을 표출하는 사람들이 하나둘 생겨났다. 손님들의 불만이 증가하자 이에 대처하기 위해 고객 불만 처리 업무를 도맡아 하는 부서가 생겨났다. 그러나 그런 업무를 맡은 사람들의 대부분은 영업 등의 제일선에서 벗어나 있는 사람들이라서 손님이 만족할 만한 설명이나 해결책을 제시하지 못했다.

앞으로 대형점 간의 경쟁이 본격화되면 셀프 판매 방식이 더욱 중심이 되고, 예전과 같은 의미의 손님은 왕이라는 사고방식은 없어질 것이다. 대신 점원과 손님이 모두 무리 없이 상품을 사고팔 수 있는 새로운 체계와 불만을 확실하게 처리할 수 있는 제도가 도입될 것이다.

231

 점원이 제공할 수 없는 서비스

가게 간의 경쟁이 심해진 덕분에 손님은 가게에서 자유롭게 상품을 둘러보거나 만져 보는 등 이전보다 훨씬 많은 서비스를 받을 수 있게 되었다. 하지만 실제로 쇼핑을 할 때는 아무래도 점원에게 조언을 구하거나 주문을 하지 않으면 안 되기 때문에 손님의 관심은 여전히 점원이 어떤 식으로 대응해 오는가에 있다. 앞으로도 대형점은 계속해서 들어설 것이고, 그렇게 되면 점원의 수도 당연히 증가할 것이다. 이런 상황에서 몇 안 되는 능숙한 점원에게 모든 것을 맡긴다는 것은 불가능하다. 이제는 서비스의 한계를 파악하여 평범한 점원도 할 수 있는 서비스를 생각해야 한다.

낮선 손님 접객은 손님의 마음을 편하게 한다.

평범한 점원을 교육한다고 해도 점원 공간이 없는 가게에서 좋은 인상을 주는 접객, 점원 공간이 좁은 가게에서 물건을 사기 쉬운 분위기를 유도하는 접객, 점원이 적은 매장에서 좋은 인상을 주는 접객, 손님의 불만을 잘 처리하는 서비스는 제공하기 어렵다.

앞에서도 설명했듯이 점원 공간이 중시되지 않는 구조의 가게에서는 능숙한 점원이 아닌 이상 손님을 끌어 모으기가 매우 어렵다. 그렇기 때문에 구조의 변경 없이 점원 교육에만 힘을 쏟아 평범한 점원을 인상이 좋은 점원으로 만들기는 거의 불가능하다.

또 점원 수가 지나치게 적으면 손님이 좀처럼 접객을 받지 못해 불만이 생기기도 한다. 점원이 점원 공간에 있는 한 적당한 수의 점원이 있는 것이 모두에게 유리하다. 앞으로는 고객의 불만을 처리하는 담당의 역할이 커질 것이므로 적임자를 두어 충분히 대응하게 해야 한다.

 ## 점원이 제공할 수 있는 서비스

그렇다면 점원이 제공할 수 있는 서비스와 그런 점원에게 교육시켜야 하는 것에는 무엇이 있을까?

먼저 손님의 주문이 있기 전까지는 접객을 하지 않는 낯선 손님 접객 방식을 취해야 한다. 그리고 손님이 상담을 해 왔을 때 설명을 해야 한다. 또한 다른 손님을 접객하거나 손님이 마음 놓고 상품을 살펴볼 수 있도록 작업을 하는 모습을 보여 주는 것이 좋다. 그리고 손님이 불만을 제기했을 때는 불만에 대한 체계적인 대응을 할 수 있어야 한다.

또 아무리 가게 구조가 좋더라도 점원이 단골 손님 접객을 할 경우에는 낯선 손님 접객을 하라고 교육해야 한다. 손님이 말을 걸어 왔을 때 접객하는 일은 누구나 간단히 할 수 있다.

또 손님을 끌어 모으는 점원의 행동이 일어나기 쉽도록 작업 순서를 만들어 두는 것도 좋은 방법이다. 손님이 불만을 제기했을 때는 점원 마음대로 판단해서 처리하지 말고 책임자로 하여금 대처하게 하는 것이 현명하다.

대형점이 증가하면서 점원과 손님 간의 인간관계를 가능한 줄이려는 방법이 일반화되고 있다. 앞으로도 이런 경향은 점점 강해지고 지불 방법이나 상품 등에 대한 불만 처리 방법도 더욱 체계적으로 자리를 잡아 갈 것이다. 나아가 점원과 손님이 얼굴을 맞대지 않고 상품을 살 수 있는 인터넷(온라인) 판매가 지금보다 더 손님들에게 인기를 끌 것이다.

234

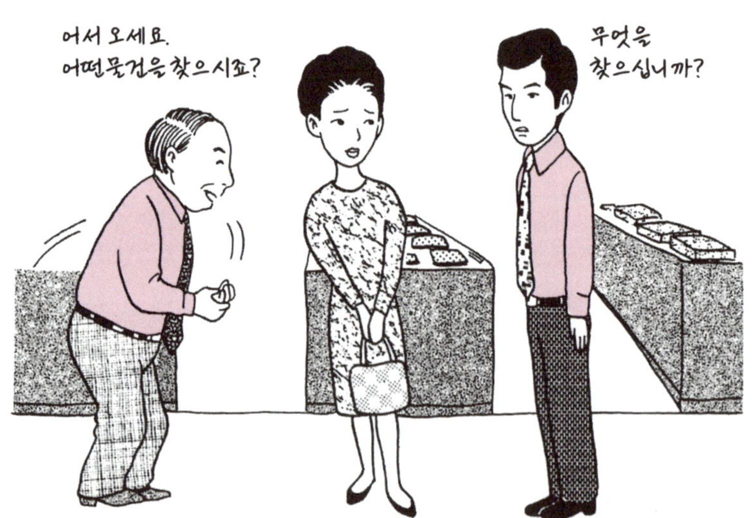

대부분의 점원들은 단골 손님 접객으로는 만족할 만한 서비스를 제공할 수 없게 될 것이다.

점원의 서비스를 보완해 주는 3공간

대형점 시대가 되면서 이제는 실적이 좋은 일부 점원에게 의지하는 방법이 큰 효과를 거두지 못하고 있다. 오히려 누구나 똑같은 서비스를 제공하기 위해 노력하고 있다. 그동안은 점원의 능력을 향상시키기 위한 매뉴얼을 만들고 교육하는 일에 중점을 두었지만 이제는 누구나 서비스를 제공하기 쉬운 가게의 구조를 만드는 데 힘쓰고 있다. 어떤 점원이건 점원 공간과 손님 공간, 상품 공간이 확실히 구분되어 있다는 것만으로도 손님에게 서비스를 제공할 수 있기 때문이다.

 점원 공간이 보완해 주는 서비스

접촉형 가게와 유인형 가게의 경우 점원 공간이 넓으면 점원의 세력권 주장 행동을 완화할 수 있다. 또한 가게가 넓으면 자연스레 점원의 행동이 많아져서 가게에 활기를 줄 수 있다.

유인·회유형 가게와 접촉·유인·회유형 가게의 경우에는 점원 공간이 있으면 점원이 손님 공간에서 세력권 주장의 행동을 하지 않게 된다. 또 점원 공간이 확실하기 때문에 손님이 점원을 발견하기 쉽다는 장점이 있다.

 손님 공간이 보완해 주는 서비스

손님 공간은 가능하면 손님이 들어오고 나가기 쉬운 구조여야 한다. 손님은 특별히 사고 싶은 물건이 없더라도 들어갔다가 쉽게 나갈 수 있다는 것을 알면 일단 안심하고 안으로 들어오기 때문이다. 또 가게 안에 다른 손님이 많으면 그 모습이 다른 손님을 끌어 모으는 힘으로 작용하여 한층 더 손님이 들어오기 쉬워진다. 사람이 사람을 끌어들이는 파워를 간과하지 마라.

 ## 상품 공간이 보완해 주는 서비스

매력적인 상품 공간은 손님의 관심을 끈다. 특히 손님들은 여러 종류의 상품이 대량으로 진열되어 있는 상품 공간에 큰 매력을 느낀다. 이것이 손님에게 오랜 시간 천천히 상품을 둘러보아도 좋다는 신호를 보내고 있기 때문이다.

반대로 상품의 양이 자나치게 적고 탁 트여 있는 가게는 손님을 불안하게 만든다. 점원의 시선이 신경 쓰이기 때문이다. 반대로 지나치게 막혀 있어도 불안하다. 점원이 언제 어디서 나타날지 모르기 때문

점원 공간이 없으면 세력권을 해제하기 어렵다.

이다. 즉 지나치게 개방되어 있지도 않고 막혀 있지도 않은 상품 공간이 손님을 오랜 시간 가게 안에 머물게 하고, 다른 손님을 불러 모으는 데도 도움을 준다.

이처럼 손님이 가게에서 안심하고 상품을 보거나 살 수 있는 것은 점원의 행동과 상당히 관련이 깊다. 이제까지는 점원의 존재를 무시하거나 반대로 점원에게 기대하는 바가 매우 컸다. 그러나 이제부터는 손님과 점원의 행동을 올바르게 인식하고 가게의 구조를 생각할 필요가 있다. 손님 공간, 상품 공간, 점원 공간 이 3공간을 균형 있게 설계한다면 특별히 우수한 점원이 아니더라도 누구나 같은 서비스를 제공할 수 있다. 그리고 이것이야말로 성공하는 가게를 만드는 가장 기본이 될 것이다.

237

점원 공간이 있으면 세력권을 해제하기 쉽다.

행동 분석에 근거한 3공간 가게 설계 프로그램

가계를 새롭게 설계하거나 개장할 때는 손님과 점원의 에너지 비용이 가장 적게 드는 판매 행동이 생기기 쉽게 만들어야 한다. 이를 위해 가게를 기능적으로 꾸민 것을 3공간 설계라고 한다.

가게 수가 많은 경우

여러 가게들 가운데 잘되는 가게와 잘 안 되는 가게를 각각 5군데씩 선정하여 각각의 3공간을 관찰, 분석한다. 이때 주의해서 살펴야 할 점은 다음과 같다.

상품 공간

점원이 세력권 주장 행동을 하고 있는가, 해제하고 있는가

잘되는 가게의 3공간 분석

많은 가게 가운데 잘되는 가게 5군데 선택

잘되는 가게의 3공간 관찰 1. 상품 공간 2. 점원 공간 3. 손님 공간

잘되는 가게의 3공간 레이아웃 도면 제작

잘되는 가게의 3공간 분석

잘되는 가게의 3공간 상황 설명도 제작

잘되는 요인 분석

잘되는 가게의 종합 설명도 제작

의 여부(부담 없이 구경할 수 있는가, 없는가.) 손님을 끌어 모으는 매력이 있는가, 없는가.

손님 공간

점원이 세력권 주장 행동을 하고 있는가, 해제하고 있는가의 여부(부담 없이 손님 공간에 들어가거나 통로를 둘러볼 수 있는가, 없는가.)

점원 공간

점원 공간이 좁은가, 넓은가, 점원 공간이 있는가 없는가. 단골 손님 접객을 하는가, 낯선 손님 접객을 하는가.

이와 같은 방법으로 잘되는 가게 5군데와 잘 안 되는 가게 5군데, 즉 총 10군데 가게의 3

239

가게 설계를 위한 기본 설계

1. 구체적인 가게 레이아웃의 기본 설계 2. 기본 설계도 제작 3. 구체적인 3공간 기능 설명 ① 상품 공간의 기능 설명 ② 점원 공간의 기능 설명 ③ 손님 공간의 기능 설명 ④ 전체 공간의 기능 설명

3공간 가게 설계에 필요한 점원의 행동 ① 상품 공간에서의 기능 설명 ② 점원 공간에서의 기능 설명 ③ 손님 공간에서의 기능 설명

개점 후의 3공간 분석

3공간 기능의 회복

공간을 관찰하고 분석하여 잘되는 가게가 잘되는 이유와 안 되는 가게가 안 되는 이유를 살핀다. 그런 다음 잘 안 되는 이유를 가능한 한 제거하고 잘되는 이유를 덧붙여 기본 설계도를 작성한다. 이것은 안 되는 가게를 잘되는 가게로 만들거나, 잘되지만 결점을 보완하여 더 잘되는 가게로 개장할 때 이용하면 유용하다.

같은 상품을 같은 매장에서 판매하더라도 입지나 규모에 따라 가게의 구조는 달라진다. 각각의 조건과 기본 설계의 대응을 통해 구체적인 가게 설계가 진행되어 가는 것이다. 가게 설계를 진행함과 동시에 3공간 설계에 맞는 점원의 행동을 생각할 필요가 있다. 이때는 기본 설계에서 계획된 상품 공간과 점원 공간, 손님 공간에서의 행동을 각각 매뉴얼화하여 점원을 지도하는 것이 중요하다. 이렇게 3공간 설계를 통해 개점한 뒤에는 새 가게에 대해서도 다시 한번 3공간 분석을 실시하는 것이 좋다. 불충분한 점이 있다면 반드시 다시 수정해야 하기 때문이다.

가게 수가 적은 경우

자신이 소유하고 있는 가게가 하나이거나 몇 개일 경우에는 같은 업종의 가게를 가능하면 많이 살펴보는 것이 좋다. 그중에서도 잘되는 가게 5군데와 안 되는 가게 5군데를 골라 3공간을 분석하는 작업이 필요하다. 그런 뒤에는 가게 수가 많은 경우와 마찬가지 방법으로 3공간을 분석하면 된다.

가게를 관찰할 때는 항상 상품 공간과 점원 공간, 손님 공간의 3공간을 관찰해야 한다. 그리고 그 공간 속에서 점원과 손님의 관계를 살피는 것도 중요하다. 가지고 있는 많은 정보 가운데 의미 있는 정보를 골라내는 일이 가장 빠른 길이다.

《잘되는 가게는 분명한 이유가 있다》를 통해 가게의 구조와 점원의 행동 관계를 소개한 뒤로 잘되는 가게와 안 되는 가게의 가장 큰 차이는 손님이 들어가기 쉬운지, 그렇지 않은지에 달려 있다고 말했다. 이러한 우리의 주장은 시대가 흐르면서 많은 사람들에게 받아들여졌다. 하지만 셀프 판매대를 설치해 놓고도 이제까지 해 온 단골손님 접객과 비교하여 어떤 것이 실제로 손님의 요구에 부합하는 것인지를 몰라 망설이거나 가게 구조와 접객 방식을 정확하게 확정짓지 못하고 있는 것이 지금의 상황이다.

이 책에서 소개한 대로 점원이나 손님이나 모두 에너지 비용이 최대한 적게 드는, 즉 가능하면 편안함을 추구하는 한 앞으로의 가게는 지금보다 훨씬 더 들어가기 쉬운 공간이 될 것을 요구받을 것이다. 동시에 점원과 손님과의 인간관계는 더욱더 얕아질 것으로 추측된다. 반대로 인터넷 쇼핑몰은 이와 연장선상에 있는 새로운 유형의 가게로서 상당히 큰 의미를 갖게 될 것이다.

이처럼 앞으로는 가게에 들어가기가 좀 더 쉬워질 테지만 그렇다고 해서 사람이 없는 무인 점포나 자동 판매기만 설치되어 있는 가게처럼 되지는 않을 것이다. 오히려 점원의 도움이 필요 없을 때는 점원의 접객을 받지 않아도 되고 점원의 도움을 얻어야 할 때는 충분한 접객을 받고 물건을 구입한 뒤에 물건에 대한 의문이나 불만이 있을 때는 부담 없이 책임을 물을 수 있는 시스템이 자리를 확실하게 잡아갈 것으로 보인다.

그렇다. 이제부터는 가게의 구조와 접객 방식에 대응한 '새로운 손님 만족'의 시대를 준비해야 한다. 이제는 가게 간의 접객을 가지고 경쟁하는 시대가 될 것이기 때문이다.

우리의 새로운 이론을 이해해 주신 일본경제신문사와 이 책을 출간해 준 출판사에 감사한다.